AF482481

ANDREA GROBO

Pasión por reinventarse

Diseño de tapa e interior: **Juan Pablo Olivieri**

Fotografía: **Giuliana Cantisani**

ANDREA GROBO

Pasión por reinventarse

GRANICA

ARGENTINA
Ediciones Granica S.A.
Lavalle 1634 3° G / C1048AAN Buenos Aires, Argentina
granica.ar@granicaeditor.com | atencionaempresas@granicaeditor.com
Tel.: +54 (11) 4374-1456 - 1158549690
MÉXICO
Ediciones Granica México S.A. de C.V.
Calle Industria N° 82 - Colonia Nextengo - Delegación Azcapotzalco
Ciudad de México - C.P. 02070 México
granica.mx@granicaeditor.com
Tel.: +52 (55) 5360-1010 - 5537315932
URUGUAY
granica.uy@granicaeditor.com
Tel.: +59 (82) 413-6195 - Fax: +59 (82) 413-3042
CHILE
granica.cl@granicaeditor.com
Tel.: +56 2 8107455
ESPAÑA
granica.es@granicaeditor.com
Tel.: +34 (93) 635 4120

www.granicaeditor.com

Grobocopatel, Andrea
Pasión por reinventarse / Andrea Grobocopatel. - 1a edición especial -
Ciudad Autónoma de Buenos Aires : Granica, 2024.
208 p. ; 22 x 15 cm.
ISBN 978-631-6544-23-0
1. Autobiografías. I. Título.
CDD 808.8035

Este libro está dedicado

- *en especial a Mamá, Edith Feler, mujer, madre, abuela, bisabuela, esposa, resiliente, dueña de una inteligencia emocional como pocas personas he visto en mi vida. Su cariño y su amor me han construido;*
- *a la red de FLOR, la que día a día se entusiasma, me entusiasma y comparte conmigo el propósito de fomentar la diversidad, la inclusión y la integración de todas las personas del mundo;*
- *a mi familia siempre, a mi entorno, a la vida, a esta maravillosa vida que me está tocando vivir y que me da tantas oportunidades y tantos aprendizajes.*

Índice

Prólogo

Por **Rebeca Grynspan**

Secretaria General de UNCTAD,
ex-Vicepresidenta República de Costa Rica

En un mundo en constante transformación, donde los desafíos se multiplican y las certezas se tambalean, necesitamos voces que nos inspiren a seguir adelante, a buscar soluciones creativas y a construir un futuro mejor. La voz de Andrea Grobocopatel es una de esas voces.

En este libro, Andrea nos invita a un viaje apasionante por su vida y su obra. A través de sus experiencias como mujer, madre, empresaria y líder, nos comparte sus aprendizajes, sus reflexiones y sus sueños.

Andrea nos cuenta cómo, desde muy joven, supo que quería hacer algo diferente. Con una formación sólida y una mirada siempre atenta al mundo, se embarcó en un camino de transformación personal y profesional que la llevó a ocupar cargos de alta responsabilidad en empresas familiares y multinacionales.

Sin embargo, Andrea nunca se ha conformado con el *status quo*. Su espíritu emprendedor la ha impulsado a explorar nuevos caminos, a desafiar las convenciones y a crear sus propios proyectos. En este libro, nos habla de la importancia de la innovación, la creatividad y la valentía para enfrentar los desafíos del presente.

Más allá de su exitosa carrera empresarial, Andrea ha dedicado gran parte de su tiempo y energía a trabajar por un mundo más justo y equitativo. Su compromiso con la educación, el desarrollo sostenible y la igualdad de género la ha convertido en una referente en el ámbito social.

Pasión por reinventarse es un libro inspirador que nos invita a reflexionar sobre nuestras propias vidas, a redescubrir nuestro potencial y a tomar acción para construir un futuro mejor. La experiencia y la sabiduría de Andrea Grobocopatel son una fuente invaluable de inspiración para todos aquellos que buscan un cambio positivo en el mundo.

Prólogo

Por **Susana Malcorra**

Fundadora y Presidente de GWL Voices,
ex-Canciller República Argentina

Hablo con Andrea un domingo. Ella me cuenta que está por publicarse su libro y me pide que le escriba algo.

Normalmente, soy muy reticente a estas tareas. Me las piden con mucha frecuencia y representan un compromiso más en medio de los múltiples que ya ocupan mi vida. Sin embargo, no puedo negarle nada a Andrea.

Después de aceptar su invitación y leer el libro, me pregunto por qué no puedo negarle nada a Andrea Grobocopatel. ¿Qué es lo que tiene ella que invita a compartir emprendimientos y encuentros? Aunque no somos amigas cercanas y no nos conocemos mucho, descubro que Andrea es un torbellino de energía imposible de detener. Su actitud ante la vida es contagiosa y genera una sensación de poder ser y poder hacer que resulta profundamente transformadora.

Compartimos varias ideas que el libro captura en toda su magnitud:

La pasión.

La necesidad de reinventarnos.

La importancia del empoderamiento y liderazgo femeninos.

Es desde estos tres ángulos que escribo estas líneas.

Estoy convencida de que es imposible lograr las transformaciones necesarias a nivel personal, profesional o institucional sin tener una profunda pasión por lo que se está haciendo. La pasión nos impulsa a dedicar ese tiempo extra que maximiza el impacto. Nos hace comprender qué hay más allá de nuestras tareas cotidianas, cambiando nuestras vidas y las de otros. La pasión nos da la fuerza para seguir adelante en momentos difíciles. En resumen, la pasión es nuestra vida.

No se trata de una pasión irracional, sino de una pasión motivada por la búsqueda del bien personal y compartido, a través de la reflexión propia y el escuchar a los demás.

Esta pasión nos lleva al segundo aspecto clave del libro: la reinvención. La vida está compuesta por etapas, y es importante reconocerlas. El fin de un ciclo representa una oportunidad para iniciar uno nuevo, para reinventarse. Reconocer que lo que estamos haciendo ya no nos nutre es fundamental. A partir de ese reconocimiento, se abren nuevas oportunidades que solo pueden capturarse mediante un profundo cambio. Transformar momentos difíciles en nuevos desafíos mantiene nuestra llama interna encendida, y esa llama, esa pasión, nos impulsa a buscar nuevos horizontes inexplorados, a descubrir fortalezas nuestras que nos eran desconocidas y a reconocernos distintas pero con la misma esencia.

Finalmente, estos dos atributos se conectan con la necesidad de enfatizar el liderazgo de las mujeres. En un mundo complejo que requiere perspectivas diversas para encontrar soluciones creativas, las mujeres tenemos mucho que aportar. No se trata solo de justicia o de derechos, sino de una manera diferente de abordar los problemas. Hombres y mujeres somos distintos, lo que nos permite aproximarnos a la búsqueda de soluciones desde la diversidad. El aporte de las mujeres en el ámbito privado, público y global es fundamental para encontrar salidas distintas a los múltiples desafíos que enfrentamos.

Todo esto lo comparto con Andrea, y es por eso que su libro me ayudó a conocerla mejor y a encontrar respuestas a muchas preguntas que solo se entienden desde la empatía y el arte de escuchar al otro.

También me mostró, a través de sus historias personales y, en cierto sentido, íntimas, cómo se pueden poner en marcha cambios que afecten positivamente a mucha gente con un gran efecto multiplicador. En resumen, me demostró por qué no puedo negarme a un pedido suyo.

Sobre el lenguaje inclusivo en este libro

En Fundación FLOR tenemos por norma utilizar en nuestros escritos un lenguaje no sexista. No creemos que el lenguaje sea una esencia inmutable, sino más bien el resultado de un proceso de **modelado social** que está en permanente cambio.

También sabemos que el androcentrismo —la identificación del hombre y lo masculino con el parámetro de lo humano, de lo normal, de lo universal y generalizable—, se refleja con mucha claridad en el idioma castellano, invisibilizando lo femenino o necesitando aclaraciones para entender cuándo se está hablando del género masculino y cuándo de la especie humana, que incluye también a la mujer. **No hay hasta el momento una solución idiomática que resulte aceptable por todo el mundo.**

Bajo la etiqueta de lenguaje inclusivo suelen aparecer dos expresiones que no deben confundirse: "lenguaje no sexista" y "lenguaje neutro". El lenguaje no sexista es el que intenta solucionar el problema del androcentrismo en la lengua, proponiendo prácticas como agregar "/as" luego de un masculino genérico (como "los alumnos/as"), o repetir la palabra en ambos géneros ("los alumnos y las alumnas"), o usar oraciones subordinadas (por ejemplo: "quienes asisten a clase", en lugar de "los alumnos") entre otros recursos. He optado por alguno de estos recursos cuando me parece que no interrumpen el flujo natural de la lectura o si no resultan demasiado rebuscados. En caso contrario, cuando no he dado con una forma que me parezca adecuada a la lectura para sustituir el masculino genérico, he elegido —no sin cierto desánimo— dejarlo.

El lenguaje neutro, en cambio, no busca solucionar en la lengua el problema del androcentrismo sino el del binarismo. Decir, por ejemplo "los alumnos y las alumnas" soluciona el tema de incluir a las mujeres, pero deja fuera todos los colectivos que no se identifican ni con ellas ni con los varones. Por eso acude a soluciones como el uso de la arroba (@), la letra e, la x, o el asterisco (*), entre otras. En este caso, a mí, que no he desarrollado la gimnasia de su uso, se me hace complicado mantener el hilo de la lectura y mucho menos de la escritura o del habla. Por eso, he optado por no usar estos recursos, esperando disculpen mi torpeza quienes están más acostumbrados a ellos.

Introducción

Desde la publicación de mi primer libro han pasado muchas cosas en mi vida, y en la de todas las personas en el mundo. La irrupción del Covid-19, más que un "cisne negro" fue una auténtica bandada, oscura y tenebrosa, que se burló de nuestros planes, de las rutinas y hábitos que dábamos por sentados, y que se sigue cerniendo sobre nosotros como una amenaza constante. Como si pudiera surgir algo en cualquier momento.

La pandemia cambió nuestro calendario. Es como un umbral, un corte que divide nuestra cronología en un "antes", un "durante" y un "después". Así que nuestros recuerdos están fechados para siempre por este virus tan extraño que achicó el mundo y que puso en evidencia nuestra fragilidad.

Mi primer libro se publicó antes de la pandemia. Este otro, se empezó a escribir durante la cuarentena. Yo deseaba fervientemente, como todos, que cuando se publique haya empezado el después. Por suerte así fue.

En aquel 2020, como se habían terminado los viajes y el trabajo presencial había quedado suspendido, creí que iba a tener más tiempo para escribir. Sin embargo, estuve más ocupada que antes: videollamadas y zooms tomaron mi tiempo por asalto. La escritura del libro tuvo que abrirse paso y reclamar su lugar luchando contra muchas y variadas actividades.

Pero no quiero lamentarme por esta situación. Prefiero entrar en acción, analizar el lado bueno de las cosas, enfrentar la adversidad con los ojos bien abiertos y caminar, que es una de mis grandes pasiones, ponerme en marcha, moverme. Cuando todo se mueve, surgen las oportunidades de cambiar, de **reinventar y reinventarse.**

Ese es uno de los motivos de este libro, que retoma del anterior el registro de "memorias mezcladas", combinando el derrotero profesional con la reflexión sobre la familia, la pareja, los hijos, porque la vida es así, mezcla y movimiento, deseos y proyectos, preocupaciones y alegrías.

En ese "durante" en el que escribí este libro cambié muchas cosas, pero en varias sigo siendo la misma: la que quiere estar en todo pero también la que se alegra cuando los proyectos, las empresas, la gente con la que trabajo o mis hijos despegan con vuelo propio, por más que me cueste soltar.

Mi papá dice: "Estás igual, mismo nombre y mismo apellido". Aunque todo me haya pasado por encima, aunque no sea la misma, conservo mi identidad primaria, aquello que me distingue de todos los demás. Soy Andrea Grobocopatel.

Busco entonces en qué cosas sigo siendo la misma, y encuentro varias: Por un lado, soy la que concibe el tiempo de una manera particular, la que descubre el potencial de cada hora y lo exprime al máximo. Lamentablemente, también soy esa mujer a la que le cuesta mucho entregarse al ocio y estar un rato sin hacer nada. También mantengo intacta mi vocación por aprender y compartir lo que aprendo. Uno de los aprendizajes que tengo en mi lista de deseos es permitirme disfrutar, desarrollar la capacidad de relajarme y, aunque sea durante media hora, no hacer nada. Veremos si lo consigo. Aunque pensándolo bien, veremos si es lo que quiero.

Otra cosa que mantengo es mi pasión por el riesgo, por el cambio, por la acción y por hacer que personas y organizaciones se conozcan unas a otras. A eso lo llamo "articular". Me sigo encontrando en la mirada en el futuro y también en la disciplina que implica analizar siempre de qué manera podemos hacer mejor las cosas: profesionalizar, agregarles valor a nuestros proyectos laborales y, simultáneamente, cultivar con amor las relaciones. Cuidar a los padres, a la pareja, a los hijos, a los hermanos, a los amigos, al entorno. Me analizo, pienso en qué momentos tuve y en cuáles me faltó la valentía para ir por lo que yo quería.

Durante el Covid-19, muchas personas tuvieron que reinventarse y emprender nuevos proyectos laborales, muchas parejas se rompieron y otras se reafirmaron. Pero más allá de las amarguras o los descubrimientos felices, muchos, muchísimos, desarrollamos una capacidad de **adaptación** impresionante para implementar nuevas tecnologías, optimizar el uso del espacio y combatir el encierro con la apertura mental. Y lo hicimos rápido.

¿No es algo para analizar? ¿Podremos **capitalizar** esta experiencia para acelerar nuestros aprendizajes sin que haya una amenaza externa que nos obligue?

Este no es un libro sobre la pandemia, pero sí sobre los aprendizajes que nos transforman. No se trata de historias extraordinarias, proezas increíbles o hallazgos filosóficos. Es mucho más sencillo: trabajo, dedicación, entusiasmo, franqueza y amor.

Este libro no es un libro de gestión. Aquí no vas a encontrar teorías fulgurantes, que suenan atractivas, pero que se alejan, siempre esquivas, de la práctica; porque el contexto es terco y pide otra cosa. Lo pienso más como un cuaderno de apuntes, esas ideas que surgen al calor del trajín cotidiano, que están enredadas con las demandas de todos los días —las del trabajo, las de casa, las del país, las del mundo— y que no tienen la deferencia de aparecer por separado. Apuesto por la mezcla, por valorar lo grande y lo pequeño, lo de afuera y lo de adentro, la teoría y la práctica, las reuniones de negocios y el almuerzo con mis padres. Tomo lo que creo haber aprendido y lo pongo a disposición de manera apta para todo público, y pido testimonios para enfocarlo con otros puntos de vista.

Por eso, lo que leerán tiene un espíritu descontracturado. Quiero imaginarlo como un libro interactivo, que puedan subrayar, resaltar, comentar y en que escriban sus experiencias, ideas, frases y sueños. Me encantaría que, cada tanto, volvieran a él, para ver de qué manera esas notas que surgieron durante la lectura fueron tomando forma. O quizás eligieron otro camino, otros sueños.

Lo pienso como un diario de viaje, un mapa de ruta, un cuaderno de experiencias, reflexiones, listas… También como una colección de anécdotas laborales, familiares, recuerdos que atesoro. Como todo eso.

Pasado, presente y futuro, en dosis justas, para capitalizar experiencias, disfrutar el camino y trazar metas. Siempre mirando el horizonte.

¡Caminemos! ¡Hagamos!

1

Un camino propio

¿Quién deja una empresa a la que ayudó a hacer crecer y que es una parte fundamental de su historia? 🖐 ¡Yo!

Sí, yo.

Y esto lleva naturalmente a otra pregunta: ¿por qué?

Quizás porque tengo una conciencia muy acentuada de la **importancia del tiempo,** una especie de reloj interno que me avisa cuándo es el momento de **cosechar aprendizajes y sembrarlos en otro lado,** para que se expandan y contagien.

Quizás también porque me gustan los **desafíos y el movimiento.** No quiero estancarme ni optar por la comodidad, no quiero perderme la aventura de inventar, emprender y ayudar a otras personas en su desarrollo.

Sin duda, Los Grobo fue mi gran escuela. Es una parte fundamental de mi vida, de mi historia y de la historia de mi familia. Fui testigo y protagonista de su crecimiento. Hice todo un recorrido profesional allí, desde aquella época en que era multifunción, hasta la última, como presidenta en una compañía y vicepresidenta del grupo, participando en todos los directorios. De mi viejo aprendí que **no hay temas menores:** es tan importante prestarle atención al precio de las lapiceras como analizar las grandes inversiones. Con Los Grobo tuve también el privilegio de ver cómo se transforma la cultura de una compañía. Pude apreciar cómo, gracias a la austeridad, a la creatividad y a un proceso sostenido de buenas decisiones, una empresa familiar se convirtió en una gran organización rentable, sustentable y referente en su área.

Sin duda, esa transformación provocó tensiones lógicas. Es sabido que cuando una empresa familiar crece, cambian muchas cosas. Se complejiza, aumenta la cantidad de personas que trabajan en ella, y es probable que la cultura y la identidad se transformen. En el caso de Los Grobo, nuestros acuerdos nos obligaban a corrernos del día a día, para dejar lugar a profesionales. Nuestros hijos e hijas, por ser hijos de accionistas, no tenían derecho a trabajar, solo podían —si lo deseaban— hacer pasantías. Fue todo esto tan riguroso lo que nos permitió vender la empresa a terceras personas no familiares, pero debo aceptar que también me generó contradicciones. Perdí la cotidianidad, el estilo de las relaciones no era tan cercano. Se volvía difícil conocer a toda la gente por el nombre y mucho más dejando los roles ejecutivos para estar solamente en el directorio. El cariño y respeto con el que saludaban las personas nuevas no era el mismo, a pesar de los desayunos de empresa con accionistas. Era lógico: había que dar espacio a los gerentes de los equipos y mantenerse al margen para no influir o desautorizarlos. Todo eso me fue quitando parte de la motivación que tenía en los comienzos, mi entusiasmo del día a día. Como muchas cosas, tenía sus pros y sus contras. Yo perdía esa alegría, pero ganaba más libertad. Libertad que a veces podía disfrutar y otras veces no tanto…

Apostábamos a estar siempre preparados para tomar créditos bancarios, para la apertura a la Bolsa, a inversionistas en general. Por esa razón fue todo el trabajo que hice en el *governance* de la empresa. Desde siempre trabajamos en ASG (ambiente, sociedad y *governance*), como se escucha tanto hoy. Por entonces no se llamaba así, pero ya estaban presentes nuestra preocupación y ocupación por el medio ambiente, los temas sociales y el buen gobierno corporativo. Nosotros tuvimos prácticas hace muchos años que aún hoy siguen siendo novedosas. En muchos sentidos Los Grobo fue pionera.

Todo este camino recorrido me permitió descubrir uno de mis mayores intereses: **la lógica de las pymes y el carácter propio de las empresas familiares.** Es un mundo que tiene mucho para ofrecer y en el que hay una gran tarea por desarrollar. Así fue que empecé a trabajar en preparar conferencias y programas académicos sobre diseño de estrategias, armado de equipos y prevención de problemas. Lo hice guiada por una visión:

> **Si las pymes se desarrollan y profesionalizan, la economía del país que las acoge crece y se beneficia. Se genera empleo genuino, más ingresos, más PBI para los países.**

Necesitamos muchas más pymes. Necesitamos fortalecerlas, potenciarlas y hacerlas sostenibles en el tiempo.

¿Tenés una pyme, una empresa de familia? ¿Cuáles son tus retos, tus desafíos, tus preocupaciones?

Las PyMes: un equilibrio entre solidez y flexibilidad

Por Anahí Tagliani

Egresada MED, ex Embajadora de FLOR y participante activa en la fundación

Fluimos con otros actores de nuestra industria, inundamos con buenas prácticas nuestra cadena de valor, salpicamos en el tercer sector para co-construir, cambiamos de forma para sortear obstáculos históricos, somos caudal de nuestras redes de pares, y tenemos un estado más líquido en nuestros procesos, en la innovación.

Así, ese ADN pyme tiene el equilibrio de solidez y flexibilidad que le permite no romperse fácilmente, pese a la falta de modificaciones profundas en las políticas públicas que necesita el sector.

Hoy hablamos mucho de diversidad, pero la diversidad convive en la pyme desde siempre. Las diferencias culturales en las distintas regiones del país y el movimiento migratorio en América Latina nos nutren de esta pluralidad presente en nuestra sociedad, que determina nuevos intercambios e interacciones culturales.

La variedad en el lenguaje, manifestaciones artísticas, rituales, comidas, modos de vincularse, problemáticas y formas de resolver, se trasladan a la pyme, y es una gran oportunidad para tomarla como parte del patrimonio del sector.

La diversidad es un intangible que mejora la estrategia, el análisis y la medición del riesgo, forma equipos innovadores, creativos y talentosos, mejora los productos y servicios atrayendo a clientes diversos, mejora la toma de decisiones, construye un ambiente inclusivo que impacta positivamente en el clima organizacional, promueve la productividad, sus resultados y rentabilidad.

Paralelamente —todo va en simultáneo en mi vida— empecé a poner el foco en la cuestión de **las mujeres en puestos de liderazgo.**

Como casi todas las empresas, incluso la que yo misma había co-fundado, era un poco machista. Pero así era el mundo en esa época. La perspectiva de género era impensable, más en una industria como la agrícola, históricamente identificada con los hombres. Además, la tradición seguía una línea masculina: primero el número uno fue mi padre, después fue mi hermano. Era la línea de sucesión lógica, incuestionable y se vivía como algo "natural".

Yo sentía techos, topes. También tenía mi propia visión, mi impronta, que no siempre coincidía con la del resto de la familia. Es normal y saludable que esto suceda. Suelo hablar mucho de los diferentes puntos de vista, de las diferentes soluciones que aparecen cuando hay diversidad de género, de edades, de historias. Es un aspecto clave de la dinámica de las compañías, y lo más interesante en las empresas familiares es que se da naturalmente, suele haber mujeres, hombres, jóvenes, mayores, etc., etc. Acá nos toca lo que nos toca, no siempre podemos elegir eso. Lo importante es **hablar, conversar, intercambiar ideas, escucharse.** Mi madre siempre nos inculcó esa costumbre. Cuando era chica, la mesa familiar era el espacio y el momento para dialogar entre nosotros con total franqueza. Sabemos debatir sin que eso afecte la relación. ¡Cuánta falta nos hace entender la discusión como una oportunidad para ampliar la mirada y sumar perspectivas! Es fundamental.

El principio de solución de un problema empieza siempre por una conversación abierta y franca.

Con los años aprendí que hay que buscar los espacios para la conversación. Prestar atención a cómo decirlo, elegir el momento, el tono y entender si las otras personas estarán abiertas a escuchar. Porque una conversación presupone una buena escucha de ambas partes. ¿En qué medida estamos dispuestos a escuchar cosas que no nos gustan? Aspectos personales, otras ideas de gestión, sobre el país, sobre el mundo.

¿Estarías dispuesto a incomodarte en pos de la escucha?

Eso pasaba en la primera etapa, antes de su crecimiento exponencial. Había un modo de funcionar, con una identidad fuerte de la familia dueña, los Grobocopatel, involucrada en la gestión y compartiendo reuniones, eventos y abrazos.

Tengo claro que esto no se puede mantener en grandes organizaciones, pero mi *zeide,* que tenía una sedería en Juan B. Justo y Av. San Martín, decía: **"El que tiene tienda que la atienda y, si no, que la venda".** Ya no podía "atender la tienda" como me gustaba y tenía ganas de hacer otra cosa. En esta nueva etapa que se abría en Los Grobo, la de convertirse en empresa grande y profesional, no encontré el lugar que me habría gustado. El criterio de toma de decisiones había pasado de ser por consenso a ser por mayoría. Muchas veces sentí que mis ideas no eran escuchadas. Ahora, con el tiempo, me pregunto si fui lo suficientemente asertiva, qué pudo haber sido mejor por entonces en mi forma de comunicarme. Pero después concluyo que aun en ese caso, de haber permanecido en la empresa familiar me habría perdido de encontrar la senda que recorrí a continuación y que, hoy reconozco, era mi camino. La posibilidad de hacer algo propio empezaba a abrirse paso en mi cabeza. ¿Y si optaba por mi propia "tienda"?

¿Cuál es o sería tu "tienda"?

Comienza la reinvención

En todo proceso de reinvención hay factores que operan de "push", que nos hacen replantearnos si estamos en el lugar en el que queremos seguir, y otros que operan de "pull", proponiéndonos futuros alternativos que empiezan a abrir posibilidades de nuevas identidades futuras. Cuando estos factores "push" y "pull" empiezan a interactuar entre sí, y nos encontramos con que nuestros pensamientos oscilan con frecuencia de uno a otro, puede decirse que ha comenzado el proceso de reinvención.

En 2009, la UCA abrió la escuela de negocios y su director, Zenón Biagosch, me invitó a implementar programas. Era una iniciativa a mi medida, porque me permitía trabajar en lo que me gustaba: unir lo académico con lo empresarial, la elaboración de programas universitarios cortos, con herramientas para implementar al día siguiente en función de mis propios aprendizajes, pero también de los aprendizajes de quienes los cursaban, ya que los casos de estudio los proponían ellos mismos, muchas veces sobre sus propias empresas. Entonces, mis aprendizajes fueron el punto de partida. ¿Pero dónde poner el foco?

A lo largo de mi vida laboral siempre hubo algunos temas que me interesaron más que otros, fruto de mis propias experiencias: las mujeres en puestos de decisión, la autonomía financiera como palanca para la libertad de elección de la propia vida, las empresas familiares, el liderazgo. Así fue que armé programas sobre empresas familiares, sobre pymes, sobre liderazgos responsables (lideRSE), sobre finanzas responsables y el MED[1] (Mujeres en Decisión), todos con perspectiva de género.

La experiencia fue muy valiosa para mí. Disfruté mucho la tarea de **transformar** aprendizajes en programas académicos cortos y con herramientas para aplicar de inmediato. Esos programas tuvieron mi propia impronta: la de una persona de acción, que necesita bajar a tierra las teorías: hacer que las cosas sucedan.

Por supuesto, no fue fácil dejar Los Grobo, pero mi duelo por la empresa se venía produciendo de a poco, desde mucho antes de la venta, cuando empecé a notar que me alejaba de las personas, de mi propio propósito. Había habido un tiempo de maduración y de despedida. Así que **desprenderme** no fue tan traumático, porque hacía años que me estaba despegando emocionalmente. Además, tenía deseos de hacer cosas que salían del esquema de la compañía.

---

1   Programa de Fundación FLOR

La idea de vender mi parte aparecía cada vez más clara. Por supuesto que me costó la negociación final, que no manejaba yo. Todo me parecía poco. En ese último tramo, mi preocupación principal era maximizar el valor de la compañía. Y como mi fortaleza es el análisis de los números, buscaba y analizaba cuenta por cuenta. Recuerdo el primer momento en que pensé en vender: fue cuando Los Grobo estaba por salir a la Bolsa de San Pablo, con nuestros socios brasileños. Me habían llamado de un fondo a través de nuestro abogado, ofreciendo comprar mi parte en un valor muy conveniente, pero ya estaban todos los documentos escritos, se estaba apurando el proceso para aprovechar el momento de salida al mercado, y la venta podía generar retrasos, así que desistí de esa oferta. Finalmente, no se pudo concretar esa apertura de capital, y luego, con la crisis y la gran sequía que vino después, el valor de la empresa bajó mucho.

Hubo un segundo momento que pensé vender a nuestros socios brasileños. Me recuerdo sentada en una mesa en Tandil, donde habíamos ido a un directorio de UPJ, la empresa que teníamos allí. Ellos me ofrecían un valor muy por debajo de mis expectativas y también esta vez decidí esperar. Pero seguía bajando el valor.

Yo siempre había sabido que el trabajo que hacíamos en sustentabilidad, en gobernanza y con las personas era importante en el *bottom line*, pero sobre eso preguntaban poco. Parecía que solo se miraban el EBITDA, el múltiplo, los stocks, y la deuda bancaria y comercial.

Las mujeres tenemos una relación complicada con el dinero y con la negociación, y esa es otra área en la que tenemos que trabajar. Yo tuve ese problema durante mucho tiempo en Los Grobo. No sé si alguna vez negocié mi sueldo. Siempre pensé que tenía que ganar más y esperaba que me reconocieran. Me enojaba, pero tampoco era capaz de defender mis ideas. Con el tiempo aprendí que es algo que nos pasa a muchas mujeres, que no nos formaron para eso y sí para que nos quieran. Eso a veces conspira contra el espíritu negociador, donde suele ganar más quien menos miedo a la pérdida tiene.

Así que vendí mi parte de Los Grobo en el momento preciso, cuando estaba lista para **emprender** mi propio camino, valorando lo recorrido, pero sin mirar mucho atrás, agradeciendo lo aprendido y con el foco en el futuro, en un horizonte de posibilidades.

La relación con mis hermanos sigue siendo de mucho amor, cercanía y respeto. Los cuatro tenemos un grupo de WhatsApp y ahí tratamos todos los temas, tanto personales como laborales, como lo hicimos siempre: con diálogo, franqueza, escucha, discusiones, y humor. También con diferencias, porque los cuatro somos muy distintos, pero a medida que crecimos, aprendimos a valorar cada vez más la diversidad de opiniones y el punto de vista del otro.

A mis lectoras mujeres

El empoderamiento económico de las mujeres es central. Este es un tema en el que me encanta trabajar: que las mujeres aprendamos a monetizar nuestros sueños, que todas hagamos lo que queremos hacer y le pongamos un valor. Es un aprendizaje que nos debemos.

> Aprendamos a monetizar nuestros sueños, a pelear nuestra retribución, y a buscar la libertad para elegir.

Las mujeres tenemos mucho recorrido por hacer en el tema de nuestra relación con el dinero. Así que mucho resaltador en esa frase, incorporala a tu vida, que te ayude a repensar el valor que le das a tu trabajo.

Tener claro qué puede ser monetizado en dinero, y si no, qué estamos recibiendo a cambio (incluso en satisfacciones), para que luego, cuando el contexto cambie, no nos reprochemos nada.

Ideas claras y espíritu constructivo

Por **Hugo Ojeda**

Ex coach de Andrea

Acompañar a Andrea en su derrotero profesional, durante una etapa específica de su carrera, fue un verdadero privilegio para mí. Ella tomó muy en serio el servicio profesional que yo desarrollaba como consultor: organizaba las reuniones, hacía consultas, tomaba nota. En el encuentro siguiente, aparecía con novedades de todo lo que había pasado desde la última vez que nos habíamos visto. Mostraba una buena respuesta y eso es positivo, porque te estimula a continuar.

Siempre percibí gran confianza y valoración por parte de ella. Se abría a cuestiones relacionadas con los sentimientos y emociones que inevitablemente se generan en las empresas familiares.

Andrea libraba una lucha interna entre sus propios intereses y los de la familia. Ella no quería generar una tensión de la cual tuviera que arrepentirse, entonces dudaba sobre plantear su visión sobre la compañía. Siempre, en el entorno de una familia se dan interfaces un poco más ríspidas o cargadas de emociones que en organizaciones con otra composición. Son cuestiones que yo describiría como "de la vida misma". En cualquier familia pueden darse esas tensiones que, al final del día y allá en lo profundo, tienen que ver con el amor.

Los roces son muy habituales en las organizaciones y se acentúan cuando la compañía está integrada por miembros de una familia. Andrea me consultaba por esa situación en nuestras reuniones individuales y eso me permitía analizar mi propia intervención, que tendía a ser conservadora, que defendía el *statu quo,* sin tomar posición hacia uno de los extremos. Lo cierto es que eso me generaba paz espiritual. No obstante, valoro la reacción de Andrea frente a mis recomendaciones, porque las tomaba de manera positiva. Hacía hincapié en su posición, pero seguía el lineamiento que yo le sugería y lo convertía en un buen consejo. Siempre hubo un margen para la construcción de un clima cordial, de puentes de conexión y fortalecimiento de la relación.

A partir de mi experiencia, descubrí en Andrea a una mujer con mucha altura y gran capacidad de aprendizaje. Aprendía la sugerencia y le daba el mejor cauce posible. Y creo que eso habla a las claras de su capacidad de liderazgo.

Carolina Strauch me dio la fuerza, energía y el acompañamiento legal necesarios en muchos de mis caminos propios. Recuerdo le regale un collar que tenía puesto el día que firmé la venta de Los Grobo, porque le gustaba. Si hablamos de **simbolismos,** ese día estuvo cargado de ellos. Soltaba una etapa de mi vida así como soltaba ese collar que me encantaba.

La negociación

Por **Carolina Strauch**

Abogada

Tengo el placer de trabajar con Andrea desde hace muchos años y de haberla acompañado en diversos procesos de negociación de su participación en el grupo empresario del que formó parte. Fue una experiencia enriquecedora para mí porque me permitió conocer y analizar las dinámicas societarias, familiares y empresariales de su entorno, y su visión de negocio, caracterizada por una mirada crítica y analítica.

Andrea tiene una impronta incisiva, inteligente y cuestionadora. Nunca da nada por sentado, siempre pregunta, analiza y va a fondo, aun cuando estén los documentos listos para la firma y no haya margen para seguir negociando. No se contenta con una explicación superficial, busca segundas opiniones, insiste y es sumamente intuitiva. Eso es algo que a veces molesta e incomoda en el curso de las negociaciones y de las relaciones de negocios, porque trae puntos de vista distintos, muchas veces polémicos pero siempre interesantes.

Vi a Andrea pasar momentos de frustración, angustia e inseguridad a lo largo de los procesos de apertura de capital, primero, y venta de su participación, después. Estoy segura que finalmente salió fortalecida de esas circunstancias.

El trabajo que hizo y hace constantemente para hacer valer el rol de la mujer emprendedora y empresaria en un mundo de negocios liderado por hombres es sumamente inspirador para todas las mujeres. A veces el reconocimiento no llega en la forma y tiempo que uno espera y es inevitable que eso genere cierta frustración. Creo que ella pudo reconvertirlo en un proyecto de crecimiento profesional y personal, que la colocan en el lugar de una verdadera líder.

2

En estado de aprendizaje

Ya dije que en Los Grobo aprendí que **no existen los temas menores.** Así que no se sorprendan de que en este capítulo aparezca en primer plano la peluquería.

Mi hija Agustina y yo donamos cabello desde hace muchos años. Lo dejo crecer hasta un largo que me permita cortar de quince a veinte centímetros para donar. Entonces, cuando llega el momento, voy a la peluquería y resuelvo la cuestión, no sin dolor, porque me encanta el pelo largo, pero es un pequeño sacrificio que tiene un fin concreto e importante. Y lo difundo, para que otras personas se contagien de estas acciones que dan mucha satisfacción. Así, otras amigas y sus hijas comenzaron a hacer lo mismo, y me envían los cortes. Algunas mujeres que pasaron por un tratamiento de quimio y usaron peluca me comentaron sobre la importancia de donar pelo y la relevancia de la peluca en sus vidas para sentirse mejor.

Pero en la peluquería no resuelvo solo esa cuestión. Como mencioné antes, me gusta exprimir al máximo el potencial encerrado en cada hora. Entonces, **no es nada raro que transforme la peluquería en una oficina provisoria.**

Así lo hice en febrero de 2020 en un viaje a Buenos Aires.

Creí que había llegado el momento de cortarme el pelo. Saqué turno y, de paso, avisé en la escribanía que maneja algunos temas míos dónde iba a estar, para que me hicieran llegar unos documentos que tenía que firmar. Pero cuando estaba a punto de ir a la pileta para lavarme la cabeza, me arrepentí. La peluquera me había mostrado antes por dónde me iba a quedar el corte si me sacaba quince centímetros y yo no estaba convencida. Di marcha atrás. El problema era que había citado a la gente de la escribanía, de manera que pedí permiso para esperar allí. A la hora convenida llegó el cadete, muy atlético en su *skate*, y pidió permiso para entrarlo porque tenía miedo de que se lo robaran. Yo pedí una mesa prestada para firmar los documentos, así que no solo usamos la peluquería como oficina sino como playa de estacionamiento.

**Optimización del tiempo
y del espacio, de eso se trata.
Y buenos modos para conseguirlo.**

**¿Qué historia de optimización del tiempo recuerdas?
¿Sueles combinar tareas?**

Reivindico las cuestiones relativas a la peluquería como un tema importante para las mujeres —algo que quedó muy claro en la cuarentena estricta— y como un espacio y tiempo creativos, de relax y de bienestar, aunque para muchas mujeres, también es un tiempo que se pierde para la productividad o para el ocio, y que encima, cuesta dinero. Parte del tributo rosa que pagamos las mujeres. Por mi parte, aclaro que voy muy poco. Todavía no me tiño, pese a que tengo muchísimas canas. Las tengo a raya con la pinza de depilar y por el momento no tengo que pensar en ese tema. Veremos qué hago cuando las canas vayan ganando terreno. ¡Pero cuántas conversaciones, cuántas experiencias compartidas en ese espacio y ese tiempo que dedicamos al cuidado personal! Y ese es otro punto central: **la conversación.**

Me reconozco como una persona abierta, expresiva y que se interesa por el entorno. En *Pasión por hacer*[2], una de mis hermanas recordaba con humor aquellos días cuando Papá me enseñaba a manejar y yo, para desesperación del instructor, me la pasaba mirando hacia los costados para saludar. Quizás por eso no me gusta mucho manejar, siento que me pierdo algo al mantener la vista tan enfocada en una sola dirección. **La visión periférica, el interés por lo que me rodea —mucho más si se trata de personas— son centrales para mí.** Ahora me preocupa el celular y la adicción a él. Me gusta el contacto con la gente, conversar, conocer su vida, sus intereses, sus sueños. Pero también me gusta estar conectada, saber qué pasa, incluso saber que las personas que quiero están bien.

La peluquería es un espacio ideal para esa clase de conversaciones, que empiezan con frases de rigor y se vuelven cada vez más profundas. ¿Será casualidad que mi oficina de Casares funcione en la antigua peluquería que estaba frente a mi casa?

Me identifico como mujer de oficina. Cuando vendí mi parte

---

2   Mi libro anterior, publicado en 2014

de Los Grobo, me quedé unos meses en una oficina prestada, porque quería despedirme formalmente de los socios en la asamblea y renunciar a la sociedad de garantía recíproca, que era la única empresa que yo presidía. Mientras tanto, empecé a buscar oficinas propias.

En Buenos Aires, traté de montar un espacio de trabajo en mi departamento, pero era complicado. Por otra parte, conspiraba contra mi objetivo de profesionalizar todo al máximo, de manera que alquilé una oficina en el edificio de La Bolsa, donde también funcionaba Los Grobo. Tiempo después compré una oficina donde ahora funcionan Resiliencia SGR y Fundación FLOR, de las cuales ya les contaré extensamente más delante.

Y antes ya había comprado la oficina de Casares, antigua peluquería, que está frente a casa, para montar allí la empresa agropecuaria —Ampatel— y la SGR que por entonces pensaba fundar yo misma.

La pandemia nos obligó a ser **más flexibles,** pero admito que no estoy segura de adaptarme bien al home office. Cuando trabajo desde casa, aparecen muchas cuestiones domésticas, se mezclan las cosas y empiezo a ocuparme de temas que no tienen nada que ver con la empresa, así que me manejo mejor con los ámbitos separados. Me gusta la oficina, el espacio creativo, la gente.

Además, funciono mejor trabajando en equipo, por eso necesito el contacto cercano, el día a día, el intercambio de opiniones, sugerencias y perspectivas diferentes. Me gusta interactuar, tomar mate en compañía, escuchar, hablarle con otras personas, contar y escuchar ideas. Creo que somos mejores trabajando en equipo y que **ni los procesos de aprendizaje ni el entusiasmo se transmiten tanto a través de las pantallas.**

Sí, soy una mujer de oficina, pero me adapto a lo que sea. Puedo trabajar en la peluquería, o mientras hago una de mis clásicas caminatas, o en el avión. Esa capacidad de adaptación es crucial para movernos en un **entorno BANI** (frágil, ansioso, no lineal, incomprensible), un entorno que demanda respuestas ágiles, flexibles y sin temor al caos.

Lo que la cuarentena nos enseñó: hay que vivir "en estado de aprendizaje".

El *reskilling*, o revolución de las competencias, fue —entre otros— uno de los grandes temas que se trataron en Davos, a principios de 2019, en el marco de la reunión anual del Foro Económico Mundial, como estrategia indispensable para enfrentar los dilemas inherentes a un mundo BANI. El significado del término es tan simple como desafiante: capacitar a una persona en nuevas habilidades para que pueda ganar en empleabilidad y adaptarse a un puesto distinto. ¿Pero cuáles habilidades? ¿Y cómo?

La clave es estar siempre "en estado de aprendizaje". Esa es la gran nueva meta-habilidad a desarrollar: **entender la complejidad, ensayar, experimentar nuevas respuestas y aprender para adaptarse activamente.** Los avances tecnológicos no dan respiro, el mundo de los negocios se transforma a cada paso, cambian los paradigmas sociales y culturales. Todo eso hace que el entrenamiento en nuevas herramientas y modos de trabajar se vuelva obsoleto en muy poco tiempo. Contra esta perspectiva de esperar a que un acontecimiento se produzca para luego lidiar con él, la propuesta del *reskilling* es estar un paso por delante.

Hay que ser una persona curiosa, estar alerta. En estado de aprendizaje permanente, ninguna experiencia llega tarde.

Si mantenemos ese espíritu emprendedor, entusiasta, de mejora constante, siempre será un buen momento para cumplir nuestros sueños y objetivos.

¿Te animás a salir de tu estado de confort? ¿Qué cosas nuevas te gustaría aprender?

La pandemia y la cuarentena estricta pusieron a prueba nuestra capacidad de adaptación, la necesidad de separar las cuestiones de la casa y las del trabajo, la perseverancia y la disciplina para armar nuevas rutinas, la capacidad de organización.

El Covid-19 aceleró esa tendencia que se anunciaba cada vez con más fuerza. Vivimos un cambio de paradigmas en todos los planos: el modo de trabajar, la gestión de la diversidad, el cuidado del medioambiente, los liderazgos, las organizaciones sustentables y, por supuesto, el rol de las mujeres.

De un día para otro cambiamos las rutinas, incorporamos hábitos, **redefinimos convivencias,** aprendimos a manejar nuevas herramientas. Personas que nunca habían hecho operaciones online, de pronto compraban cosas, hacían transferencias, usaban el código QR. ¿Somos conscientes de hasta qué punto nos adaptamos a una realidad completamente distinta?

Yo, esa "mujer de oficina", de pronto, como millones de personas, me vi obligada a trabajar desde casa y no salir durante meses. Creo que nunca compartí tanto tiempo con mi marido, ya que ambos solíamos viajar mucho y, por supuesto, en el momento de la cuarentena, suspendimos nuestros viajes y nos quedamos en casa.

Mi historia de la cuarentena en Casares se parece a la de millones de hombres y mujeres, pero como me gusta extraer un aprendizaje de todo (aun de las dificultades), quiero compartirla.

El 18 de marzo es mi cumpleaños y suelo hacer lo que llamo "celebraciones piscianas": celebraciones grandes, compartidas con todas mis amistades que cumplen años en el signo de Piscis. Así que las suelo pasar con toda la gente que quiero, comida, música y baile. La música y el baile son muy importantes en mi vida, pero en 2020 tuve que conformarme con el Zoom. Para muchos fue el primer "zoomple[3]". Preparé un video de cuando presenté *Pasión por hacer,* con fotos mías de distintas épocas y puse música de Palito Ortega. Y además me hice la "torta pisciana". Cada uno bailaba desde su casa, frente a la computadora. En casa estaba mi familia, nadie más. Fue divertido y extraño. Teníamos esa incertidumbre del principio del encierro, cuando todos estábamos aprendiendo.

Cuando se decretó la cuarentena, se acabaron las visitas de todo tipo y cumplimos a rajatabla. Éramos varios en casa: Walter

---

3 Cumpleaños por Zoom

y yo, mis cuatro hijos, y el novio de Paulina, mi hija menor. Delfina, que vive en Buenos Aires, había venido a visitarnos y no pudo volver, de manera que pasó meses de encierro en familia. Agustina estaba organizando su departamento para irse a vivir sola. En plenos preparativos, se decretó la cuarentena y tuvo que posponer la mudanza. Luciano vivía con nosotros en ese momento, así que no hubo cambio de planes en su caso. Y, con respecto a Paulina, había decidido pasar la cuarentena en Casares hasta poder operarse de la pierna. De manera que del nido semivacío pasamos a ser un batallón. Eso me gustó.

Yo hacía caminatas en el patio para **no perder mi rutina** y, sobre todo, para no engordar tanto, porque a Paulina, a su novio y a Walter les dio por cocinar todo el tiempo. Así que yo daba vueltas y vueltas en el patio y me acercaba a la casa de mis padres —el patio de ellos da al nuestro y compartimos un quincho—, para saludarlos desde lejos. Durante dos meses ese fue todo nuestro contacto.

Las dos señoras que trabajan en casa dejaron de venir hasta que se habilitó el regreso, de modo que distribuimos las tareas de la casa con el criterio más equitativo posible. Delfina fue clave: armó una planilla para determinar a quién le tocaba poner la mesa, a quién lavar los platos, a quién cocinar. Todas las actividades eran rotativas. Y el plan funcionó hasta que Delfi volvió a Buenos Aires. Sin ella, sin su espíritu metódico y organizado, la distribución de roles se desacomodó bastante.

La cocina se convirtió en el corazón de la casa. Mis mejores inversiones de esos meses de cuarentena fueron más ollas Essen, una heladera nueva, una parrilla portátil, un horno pizzero, platos, copas y manteles.

Hace algunos días Pauli me envió un video que me recordó otras cosas que hacíamos para divertirnos, inspirarnos. Una de ellas era pegar carteles por toda la casa con mensajes como:

- Evitemos la sobreinformación
- ¡Riamos mucho! Incluso de nosotros mismos, estamos para divertirnos
- Lo que sucede es lo que es. Lo que hacemos con ello, es lo que somos
- Nunca olvidemos agradecer
- Soluciona el problema, no la culpa
- Que el mal humor no me invada

Rescato como algo muy positivo de la cuarentena el hecho de comer en familia todas las noches. La mesa familiar fue un punto de encuentro y, como ya conté, es un espacio clave en mi vida desde siempre. Cuando yo era chica, alrededor de la mesa, mi madre nos invitaba a decir todo lo que pensábamos, aunque eso significara discutir. O quizá precisamente eso era lo que buscaba: que **aprendiéramos a discutir de manera racional,** con ciertos códigos y partiendo de la base de que el afecto, el buen trato y el amor entre nosotros no sufrirían ningún menoscabo. Por eso le doy tanta importancia a la mesa familiar, a ese momento que dedicamos a intercambiar opiniones, comentarios graciosos, cuestionamientos. Debo confesar, sin embargo, que esos intercambios no siempre eran exitosos, ni la discusión en la mesa era un momento fácil para todos. Tampoco somos la familia Ingalls. No todos somos iguales y a veces la situación se volvía incómoda. Había quien doblegaba el esfuerzo por convencer a los otros, quien levantaba más la voz, quien se callaba o quien se levantaba de la mesa y se iba cuando la situación superaba su margen de tolerancia.

¿Cómo se toman las decisiones en tu círculo de confianza (familia u otro) cuando no hay consenso?

La cuarentena posibilitó un gran reencuentro entre nosotros y hubo días en que nos divertimos muchísimo. A veces poníamos música y bailábamos. Pero hubo mucho trabajo también. Gran cantidad de zooms, un despliegue impresionante de actividades laborales, capacitaciones, reuniones.

Cambió el mundo, cambió la forma de trabajar y nosotros también lo hicimos, hombres y mujeres, chicos y grandes, hemos atravesado esta época tan desafiante y compleja "en estado de aprendizaje permanente".

Y esa es una de mis aventuras preferidas: **aprender sobre la marcha, en movimiento (aunque esto suene un poco desordenado y necesite mucha ayuda para poner orden).** Esa es la invitación para uno de los próximos capítulos.

Y entender el mundo por mi profesión, también es seguir entendiendo la economía, por eso siempre escucho los reportajes, las conversaciones y llamo muchos veces a amigos como Claudio Zuchovicki. Durante la cuarentena me encantaba escucharlo, y sus consejos siempre me ayudan a operar bien en los mercados de capitales y a diversificar inversiones. ¡Soy de su club de fans, sin dudas!

La regla del 72

Por Claudio Zuchovicki

*Licenciado en administración y Secretario general
de la Federación Iberoamericana de Bolsas*

Andrea siempre tiene la obsesión de que la personas y más aún las de baja capacidad de ahorros sepa administrar sus finanzas, no solo del lado de la inversión sino también de la manera mas efectiva de financiar una carrera, un negocio, una profesión o incluso la compra de un bien duradero.

Comprender la importancia de esa educación financiera implica explicarles el concepto de la regla del 72. Para entender mejor la incidencia de lo que nos cuesta como deudores, que nadie nos crea y nos pidan una tasa de descuento altísima para invertir en nuestro país.

La regla del 72 es una técnica de cálculo realmente útil, ya que las ecuaciones relacionadas con el interés compuesto tienden a ser demasiado complejas para la mayoría de la gente. La regla del 72 nos especifica cuánto tiempo debemos esperar para duplicar una inversión en número de años. Si por ejemplo queremos saber cuánto tardaríamos en duplicar una inversión que nos ofrece una rentabilidad anual del 8 %, se debería hacer esta cuenta: 72 dividido 8, o sea, en 9 años.

Por ejemplo, supongamos que somos el mejor inversor o tenemos el mejor negocio o asumimos riesgos y compramos un Bono Bopreal (el de los importadores) y tenemos una tasa de retorno anual del 15 %. La regla del 72 nos diría que la inversión inicial se duplicará en 4.8 años (72/15).

Ahora veamos cómo afecta la inflación en el largo plazo. La regla del 72 también se puede utilizar para encontrar en cuánto tiempo el valor del dinero se terminará reduciendo a la mitad debido al efecto inflación. Si, por ejemplo, de acuerdo con los objetivos de inflación de

EE. UU. es del 3 % anual, dado que 72 ÷ 3 = 24 años. Si mantenemos ahorrado "bajo el colchón" sin percibir intereses, 1.000 dólares, en 24 años van a tener un poder de compra de 500 dólares.

Hace falta que saquemos la cuenta con un país que tiene más de 200 % de inflación anual. Lo que vivimos, en tres meses nuestro dinero vale la mitad. Precisamente lo que estamos viviendo.

La regla del 72 también nos puede ser de gran utilidad frente a las deudas. Si por ejemplo somos deudores de un importe de 10.000 dólares a un tipo de interés del 15 % (Argentina hoy). En este contexto, la deuda se duplicaría a en algo menos de 5 años. Esto explica gran parte de nuestro déficit cuasifiscal, como nadie nos cree porque mentimos seguido, nos prestan a una tasa de interés que nos termina arruinando. ¿Ven porque no mentir y ser honrados finamente es un buen negocio?

Por eso es un muy buen negocio ser honrado y que los acreedores nos crean y también es un brillante negocio ocuparse de nuestras finanzas personales al menos una hora por día, como le gusta a Andrea.

Inclusión: el ADN de Resiliencia SGR

Todos sabemos que las pymes son el motor de la economía. ¿Pero cómo le damos fuerza a ese motor? ¿Qué hacemos para ayudarlas a ponerse en marcha, profesionalizarse y progresar?

Los primeros años de 2000, cuando todavía estaba en Los Grobo, fueron una época de gran **aprendizaje y crecimiento,** no solo para el Grupo, sino para todos los que trabajábamos allí. Las empresas que integraban nuestra red tenían muchas dificultades para impulsar sus negocios. Sobre todo, era muy complicado acceder a créditos y ese obstáculo generaba otros. Entonces, pensamos en un instrumento para facilitar ese acceso: una sociedad de garantía recíproca.

Los Grobo SGR, que nació en 2003, se convirtió desde el inicio en "una empresa a mi medida", como cuento en *Pasión por hacer,* porque reúne todos los temas en los que me gusta trabajar y que considero un gran aporte para nuestro país.

La inclusión financiera es un tema central para el desarrollo de cualquier país. **Cuantas más personas se sumen a la economía formal, mayor será el crecimiento.** Esa es una cuenta pendiente en la Argentina y hay mucho por hacer en el fortalecimiento financiero.

Vale la pena repasar cómo actúan las sociedades de garantía recíproca.

- **Razón de ser:** una sociedad de garantía recíproca está pensada para aquellas personas a las que se les hace muy difícil acceder a un crédito, para acercarlas a esta herramienta y mejorar las tasa y las condiciones.
- **Función:** la SGR otorga avales, garantiza al acreedor —bancos, mercado de capitales, por ejemplo— que la pyme va a cumplir con el compromiso asumido.
- **Composición:** estas sociedades están formadas por los llamados *socios partícipes* (las pymes) y los llamados *socios protectores* (empresas o personas que aportan el capital para formar el fondo de riesgo).
- **Respaldo:** la SGR administra un fondo de riesgo destinado exclusivamente a garantizar el ==cumplimiento== de las obligaciones asumidas por las pymes.
- **Objetivos:**
  - *Facilitar el acceso al crédito a las pymes, a través del otorgamiento de avales.*
  - *Estimular y acompañar el emprendedorismo, generando ==más inclusión, empleo y oportunidades.==*
  - *Brindar asesoramiento a sus socios y sus entornos.*
  - *Potenciar las cadenas de valor de las empresas.*
  - *Realizar las mejores inversiones para hacer más rentable el fondo de riesgo.*
  - *==Formalizar== la economía en general.*
  - *Diversificar y fortalecer el mercado financiero.*

En aquellos años había muy pocas SGR en la Argentina y yo estaba convencida de que era el instrumento ideal. Había reparos, como es lógico. Era mucho trabajo para el Grupo, había que reunir documentación, hacer una enorme cantidad de trámites, convencer a nuestros posibles socios partícipes… Pero esos son los desafíos que más me gustan y no me asusta el trabajo duro, ¡al contrario! Así que hubo muchas conversaciones para entusiasmar a la gente —y persuadir a sus contadores— explicándoles los beneficios financieros que la SGR podría brindarnos a todos. Y lo logramos.

La iniciativa fue un éxito y yo descubrí un camino que ya no abandonaría. Como siempre, me entreno haciendo, y supe, en el momento en que comenzaba el recorrido en Los Grobo SGR, que era el tipo de emprendimiento ideal para mi forma de concebir el trabajo, la inclusión y la posibilidad de progresar.

No hay puntos débiles en las SGR. Como suelo decir, es una relación ganar-ganar multiplicada por cinco:

- **Ganan** las pymes, los emprendedores, que obtienen las mejores condiciones crediticias del mercado, además de asesoramiento cada vez que lo necesiten.

- **Ganan** los socios protectores no solo por los beneficios impositivos y las rentas que reciben, sino también porque su red, sus proveedores, sus prestadores de servicios están en condiciones de mejorar su equipamiento e incorporar tecnologías, por lo cual mejora la calidad de su servicio y generan un impacto positivo en los negocios de todos.

- **Ganan** las instituciones financieras por la agilidad con que pueden acceder a este segmento al que les costaba llegar; al mismo tiempo, disminuyen el riesgo de no pago de la deuda, en tanto el cobro está asegurado por la SGR y, de este modo, se reducen los costos de transacción.

- **Ganan** nuestras comunidades porque ven cada vez más empresarios, más emprendedores, que generan riqueza, empleo e inversión.
- **Gana** nuestro país, al haber más riqueza, empleo e inversión.

Crear Resiliencia SGR fue un paso natural para mí. Empecé a pensarla en 2017 y un año después se concretaba. Pero no es una SGR como cualquier otra, tiene una identidad fuerte y un perfil muy definido: en Resiliencia priorizamos las empresas lideradas o integradas por **mujeres** o por **personas con discapacidad** del interior del país. Nos interesa ayudar a las pymes que muestran en su estructura o en el impacto que generan un componente de **diversidad.**

En Resiliencia SGR buscamos agilizar, acompañar y contagiar el espíritu emprendedor.

Así como todos sabemos que las pymes son el motor de la economía, también estamos al tanto de que es difícil emprender en la Argentina. Mucho más si aparece una pandemia. El mundo entero se replegó y nuestro país estaba ya en una situación frágil, así que el escenario era todavía más que complejo.

Pero hay personas que, si bien parece que se repliegan, la verdad es que están tomando envión. Vuelven más fuertes, más decididas; no dan nada por perdido, luchan hasta el final, **hacen de las dificultades un trampolín para impulsarse.** Eso se conoce como "resiliencia" y por eso es el nombre que elegí para la SGR.

Quiero compartir las historias de Griselda Foglia y de Emilia Colacelli (cuyas "voces" aparecen en este capítulo a través de testimonios), porque ilustran en hechos concretos el modo en que trabajamos en Resiliencia SGR.

Griselda vive en el interior de la provincia de Buenos Aires. Durante más de treinta años se dedicó a la docencia y, cuando llegó el momento de jubilarse, decidió que no se quedaría sin hacer nada y encaró el desafío de armar un emprendimiento turístico. Por supuesto, se formó, participó en cursos y en eventos. Y aquí aprovecho para subrayar:

Nunca hay que dejar de aprender, siempre debemos estar abiertos al conocimiento, a escuchar experiencias y conocer más personas. Hay que ser curioso.

En 2015, en una formación gratuita que se llama "Cosas de Mujeres" y que organizamos en Fundación FLOR, Griselda se enteró de que podía acceder a financiación en el mercado de capitales y en entidades financieras a través de la ayuda que brindan las SGR. Allí no solo le podrían dar la garantía necesaria para respaldarse, sino que la asesorarían como si fuesen su "gerente financiero".

Gracias a la SGR que la apoyó, pudo acceder a un préstamo bancario a cuatro años a la mitad de tasa de interés que el promedio del mercado marcaba. Así empezó: con ese préstamo dio el primer paso para reconvertir su quinta familiar de acuerdo con su proyecto, y también inició su propia **reconversión.** Griselda, toda una empresaria, con la mirada puesta en el aprendizaje (como siempre), en incorporar herramientas innovadoras y en construir futuro.

Hay que prestar mucha atención a una cuestión central que surge del testimonio de Griselda. En un momento, ella dice: "cuando nadie te conoce". No tener **historia financiera** es sin dudas un obstáculo para el acceso a un crédito. ¿Pero cómo empezar a escribir esa historia?

Según el Banco Mundial, más de la mitad de las mujeres del mundo no tienen trabajo, están más propensas al autoempleo y por ello necesitan de los servicios financieros en mayor medida. Debido a la falta de historial crediticio se les solía negar el acceso al crédito o pagaban tasas mayores. En América Latina y el Caribe, solo cerca del 50 % de las mujeres tiene una cuenta bancaria contra el 94 % de los países OCDE. Además, solo aproximadamente el 15 % de las personas toman créditos, cifra que para los países de OCDE supera el 50 %. Ahí es donde intervienen las SGR.

No hay dudas que Resiliencia es una herramienta de empoderamiento social y económico y ojalá contagiemos a otros países de la región para que generen un instrumento similar.

Todos deberíamos perseguir el objetivo de ir armando una especie de CV financiero.

¿Te has planteado este tema? ¿Qué metas financieras deseas alcanzar?

Emilia Colacelli tenía una carrera corporativa exitosa. En 2015 —también en la Fundación FLOR— cursó el programa Mujeres en Decisión (MED), y se activó su gen emprendedor. Abrió la primera franquicia de *Adorado Bar* en la ciudad de Buenos Aires —que hoy se llama NICA—, llena de entusiasmo y energía. Pero entonces apareció el Covid y el mundo se tambaleó. Necesitaba fuentes de financiamiento externo para sostener el negocio y así fue como llegó a Resiliencia SGR. (Y no cuento más, porque ya lo hace ella en su testimonio.)

Griselda y Emilia son dos mujeres resilientes, valientes y emprendedoras, que no se dan por vencidas y que están dispuestas a dar siempre lo mejor.

Ese es el tipo de perfil que buscamos en "Resi" (como le llamamos familiarmente a Resiliencia SGR), por ese tipo de personas **nos jugamos.** Estas son las iniciativas que queremos acompañar.

¡Resistiremos!

Por Emilia Colacelli

Ex ejecutiva que se convirtió en emprendedora

Estamos vinculados con la Fundación FLOR desde 2015 cuando participé del Programa MED 2da edición. A partir de eso seguimos trabajando juntos, en red, en distintos encuentros, eventos, creando una relación de amistad/profesional con todo el equipo, por lo que pudimos ver nacer a Resiliencia y entender los objetivos que la forjaban.

Apenas iniciada la pandemia, nos contactó Andrea para comentarnos que había posibilidad de presentarnos a una línea que Resiliencia tenía junto al BICE, con una tasa conveniente, pero teníamos que presentar toda la info de forma urgente. Por suerte teníamos todos los papeles ordenados, gracias a la contadora y a nuestra formación, y pudimos presentar la información solicitada en poco tiempo. Solo restaba esperar la evaluación.

Lo más complicado no fue tener los papeles, sino fotocopiarlos, porque al principio de la pandemia no había lugar donde imprimir y no teníamos impresora, así que andábamos por el microcentro dando vueltas y más vueltas, buscando un centro de copiado que no hubiera cerrado.

Por suerte llegó el día en que nos llamaron de Resi, para avisarnos que estaba todo listo. Era junio de 2020 y así arrancamos y así sobrevivimos, sin duda. Usamos el financiamiento para resistir: pagar la diferencia de los sueldos, aguinaldos, servicios, alquileres, mis gastos personales (yo vivo de lo que genera el local) y, principalmente, tener liquidez para estar preparados para lo que fuera que viniera. Tratamos de ser muy prolijos con todo porque intuíamos que el "fin de la pandemia" no iba a ser rápido.

Fue una gran ventaja estar formalizados, cumpliendo todos los requisitos necesarios. De esa forma Resiliencia pudo acompañarnos rápido, ya que pensamos muchas veces en cerrar, dejar todo y, sin embargo, todos los días arrancábamos de nuevo. El crédito era una razón más para seguir adelante.

Sabiendo la responsabilidad que teníamos, hicimos de todo: delivery propio, armado de combos de cumpleaños, regalos, lo que pudiéramos a donde pudiéramos. Llevamos globos rojos, velas, flores. Contactábamos amigos para vender viandas, menú del día. Hicimos repartos de regalos empresariales, innovamos en el packaging, insistimos en mejorar nuestra imagen.

La marca acompañó a su ritmo (somos parte de una pequeña franquicia), nosotros nos acomodamos a lo que nuestra clientela nos pedía y a lo que nuestras finanzas requerían, y empujábamos los cambios. Nos costaba mover al grupo: estamos en una zona poco residencial y con un ritmo de oficina y sector público activo. Sin esa actividad, la zona está aún hoy absolutamente dormida.

Hoy ya pagamos el crédito con el BICE íntegramente y sin demoras, y pudimos acceder a un nuevo crédito, siempre junto a Resiliencia, pero esta vez con el Banco Nación. Esta vez fue un poco más sencillo, porque teníamos más experiencia; en menos de 15 días nos avisaron que estaba todo aprobado y que solo quedaba el camino con el BNA. Cuando me contactaron del Banco me preguntaron cómo lo habíamos logrado todo, ya que éramos un emprendimiento nuevo. Conté mi experiencia y el oficial de cuentas del BNA entendió que había que recomendar a sus clientes a Resiliencia para que las cosas caminen.

POR **DELFINA TORCHIO GROBOCOPATEL**

Gerenta general de Resiliencia e hija de Andrea

Cuando estaba terminando mi carrera de contadora pública en 2016, me volví a Carlos Casares a trabajar con mi abuelo Adolfo (papá de Andrea), porque así lo había prometido años atrás. Comencé en marzo, con muchas ganas de aprender, pero sin saber aún mucho de mi profesión. Él tenía su equipo muy bien armado y yo estaba ahí por el deseo de ambos de trabajar juntos, pero, la verdad, sentía que ese no era mi lugar, ya que no podía agregar valor. Tras algunas charlas con Andre, surgió la posibilidad de ir a trabajar medio día con ella y su equipo y, sin pensarlo, nos elegimos mutuamente hasta el día de hoy.

En estos seis años de trabajar en equipo (así lo siento desde que empecé, desde el día uno), ella me enseñó, me dio lugar para aprender, equivocarme y crecer. Aunque debo confesar que no todo siempre fue fácil: en una ocasión quise renunciar!

Empecé haciendo cosas básicas, pero que para mí eran todo un desafío, y día a día me permitió ir asumiendo más responsabilidad. Hoy soy gerenta general de la SGR y llegué al puesto tras años de demostrarle que estaba preparada para hacerlo.

Trabajar con la familia no es fácil, pero tiene su lado positivo. Hoy soy mamá de Bauti, su primer nieto y puedo trabajar desde casa para cuidarlo mejor y disfrutar de él. Ese es el lado lindo. Lo difícil es sentir que todo el tiempo tenés que demostrar que te merecés el lugar.

Nos gusta pensar que "Resi" permite lograr la inclusión financiera real y concreta de las personas. En un principio el rol me costó: sentía que el equipo no me respetaba como su líder, me parecía que todos sabían más que yo del sistema. Así que estudié mucho y dediqué horas y horas a aprender para sentirme segura de mí misma. En este camino de inseguridad, un día me senté con Andrea y le conté esta situación; ella me explicó los distintos tipos de liderazgo y me hizo empoderarme y sentir que merecía ese lugar.

En Resiliencia SGR queremos ayudar a que las pymes tengan dentro de su capital y/o fuerza de trabajo un componente de diversidad o que generen un impacto dentro de su entorno. No es un eslogan: trabajamos para que ello ocurra.

Hemos tenido líneas especiales y pensadas en conjunto con distintas entidades bancarias, hemos logrado líneas para mujeres emprendedoras y para empresas de triple impacto (económico, social y ambiental), y nuestros números demuestran que trabajamos para lograr este objetivo. Aún tenemos muchas metas por realizar, y no queremos esperar a que las cosas sucedan, vamos a conseguirlas. Andre es MUY perseverante y, en la mayoría de las oportunidades, logra sus objetivos.

Si bien dedico la mayoría de mi tiempo a la SGR, soy tesorera en FLOR y he trabajado y tengo pendiente aprender de Ampatel, el campo. "Lo que me da de comer", dice Andre.

Ampatel no solo es el campo, sino que es la empresa familiar que quedará perpetuada en el tiempo. En 2018 creamos nuestro primer protocolo familiar, para mantenernos organizados como familia, prever problemas a futuro, y dejar por escrito cómo sucederán las cosas el día que uno de nosotros no esté. "Por si yo fallezco", también dice Andre.

Andrea y Walter tomaron esta decisión y nosotros cuatro los acompañamos. Creemos que tener las cosas claras nos permitirá llevarnos bien siempre y, cuando aparezcan problemas, poder mitigarlos. El protocolo establece que ninguno está obligado a trabajar dentro de las organizaciones que Andre lidera, cada uno puede hacer lo que lo haga feliz; es de esperar que el día de mañana todos cobremos una renta y el que trabaje tendrá su sueldo acorde al mercado. Así es como Pauli y yo nos encontramos trabajando en las empresas de la familia, mientras que Agus y Lucho lo hacen por fuera.

Trabajar con Andre —con mamá— me permite día a día aprender no solo de los negocios, sino también de la vida misma, y puedo disfrutar de mi profesión y de mi familia a la vez.

Una experiencia intensa pero especial

Por **Thiago Lespade**

Gerente de operaciones de Resiliencia

Ni bien ingresé a la compañía, una de las primeras cosas que hice fue leer "Pasión por hacer". Por eso, la posibilidad de participar en este nuevo libro me puso muy contento. No solo por poder dedicar palabras hacia Andrea sino también a su familia y empresas.

Hace cuatro años comencé a trabajar en Resiliencia SGR. Desde un primer momento la forma de trabajar y los propósitos de la organización hicieron que cada vez esté más convencido de involucrarme. Sabía que la experiencia de trabajar con Andrea iba a ser intensa pero especial. Para empezar, mi primera entrevista de trabajo la tuve un 24 de diciembre por la mañana, justo el día de mi cumpleaños. A los pocos días ya estaba trabajando.

Resi SGR me atrapó. Una herramienta que desconocía totalmente pero que apasiona. No solo por el sistema, sino también por el propósito que persigue y por el que fue constituida. Nos levantamos cada día para aportar nuestro granito de arena y llegar a más pymes. Para abrir puertas y acompañar a los emprendimientos en su expansión.

En diferentes momentos me vinieron a buscar para trabajar en otras organizaciones, pero Resi tiene un diferencial. Me da la posibilidad de seguir impulsando la inclusión financiera de emprendedores, emprendedoras y de empresas que trabajan por una estructura diversa. Y es por eso que siempre elijo quedarme. Además de la riqueza que implica trabajar en un ambiente tan cálido y con personas que impulsan propósitos que conmueven, como lo hacen también Fundación FLOR y Ampatel.

Resi, FLOR y Ampatel. Tres organizaciones con diferentes objetivos que se enlazan entre sí y se potencian. Eso genera Andrea; compromiso, confianza, crecimiento, pasión y dedicación.

Cuando te digan: "Vos no podés", deciles: "¡Mirá cómo lo hago!"

Por **Griselda Foglia**

Emprendedora de Carlos Casares

A veces tenemos sueños que creemos que no vamos a poder cumplir y nos quedamos con eso porque son difíciles de concretar. Pero gracias a Resiliencia SGR no solo concreté mi sueño, sino que tuve el acompañamiento necesario para realizar los trámites que requiere todo crédito bancario y más cuando nadie te conoce.

Por eso quiero compartir mi experiencia y decirles que no se rindan, busquen posibilidades para crecer y superarse día a día.

En Resi la unión increíble de personas hace todo más fácil. Acceder a un crédito bancario es un proceso difícil, burocrático, con muchos requisitos. La SGR me acompañó paso a paso durante todo ese camino. Y un día te avisan que tenés tu crédito. Y un día descontás tu primer cheque en la Bolsa.

¡Imaginen ustedes mi asombro cuando, después de unos pocos trámites, recibo un mail dándome la bienvenida al Mercado de Valores, informando mi número de cuenta para realizar operaciones!

Siempre creí que eran cosas que les pasaban a otros. Pero me pasó a mí. Y no fue casualidad o suerte. Busqué la manera de hacerlo y encontré el acompañamiento que necesitaba.

Nunca hay que darse por vencido. Sigan adelante, no decaigan, anímense, superen sus miedos y sus dudas.

Sigue tus sueños.

Nunca dejes de crecer.

No eres lo que logras.

Eres lo que superas.

Otra cosa que me encanta es que en Resi todos son súper jóvenes. Sus edades van desde los 20 a los 31 años. Los miro y me emociona su energía. Se entusiasman con nuevas propuestas, se mueven por todo el país, quieren llegar a nuevas personas, incluso dan charlas sobre **alfabetización financiera.** Son quienes asesoran y acompañan a las personas a invertir, pero también invierten ellos mismos.

Inspiran confianza a los potenciales socios protectores —ya sean personas o empresas—, les cuentan con mucho entusiasmo que es una forma de diversificar sus inversiones, mientras apoyan a los distintos propósitos a los cuales acompañamos a través de nuestros avales.

Buscan conseguir las mejores líneas y tasas, priorizando lo mejor para la pymes aunque eso implique un aval menos para Resi. Están conectados con el propósito fundacional de la organización.

4

Sobre la marcha

Así como me reconozco como mujer de oficina, también me reconozco "mujer de exteriores".

Los que me conocen bien saben hasta qué punto caminar es una actividad innegociable para mí. Camino con amigas o sola. Camino por Casares, por Buenos Aires o donde esté. A veces hasta trabajo o tomo clases de inglés caminando.

No se trata solo de hacer ejercicio. Hago caminatas "productivas", porque el entrenamiento va mucho más allá de lo físico. Sigo entrenando mi visión periférica, la atención a los detalles, la percepción de los cambios.

También **camino para poder comer sin culpa.**

Por ejemplo, salgo a caminar por Casares. Elijo una de mis horas preferidas: las seis de la tarde, cuando los últimos rayos del sol empiezan a desvanecerse. Se encienden las luces led que iluminan todo el pueblo. Apuro el paso, contenta. Me gusta ver las mejoras. Doblo. Cuatro chicos que no deben tener más de doce años pasan a mi lado como una tromba, pedaleando a toda velocidad. Las ruedas de las bicicletas se deslizan con gracia en la tierra firme del cordón cuneta. Sigo. Veo la casa recién construida de una familia que se inscribió en el proyecto "Vivienda Propia". Acaban de instalarse. Los saludo al pasar: "¿Ya están viviendo acá?". Ella sonríe y agita el brazo para saludar: "¡Sí! ¡Desde ayer!". "¡Felicitaciones!". Acelero la marcha, emocionada. Siento que se aprieta el lazo de la comunidad y **se renueva mi fe en el país.**

Mis pasos se afirman en la tierra, pero mi mente vuela. Los pensamientos caminan más rápido que yo. Trato de organizarlos para que tomen forma y se plasmen. En esos pocos segundos que pasé por allí, una cantidad de ideas se pusieron en marcha: fe, confianza, cumplir con los compromisos, creer en la gente, empoderarla, proyectar, responsabilidad, cambio, inclusión, cooperar, articular. Resumo ese aluvión de pensamientos en un concepto que es uno de mis pilares: liderazgo responsable.

Hace unos meses, en una de mis columnas para *El Cronista,* escribí este tema a partir de una frase que escuché y que me hizo pensar mucho. Era algo así: "Si te vas de la Argentina por veinte días, cuando volvés, encontrás que todo cambió. Pero si regresás después de veinte años, la sensación es que todo sigue igual". Ciento por ciento humor argentino: paradójico, filosófico y un poco amargo. Me gusta esa marca nuestra, pero como soy argentina, voy a discutir un poco. Quiero pensar en cómo hacer para que ese compatriota que vuelve (quiero pensar también en cómo convencer a otros compatriotas para que vuelvan) encuentre todo mejor. En esa columna, cuyo título es "Una Argentina en la que veinte años no sean nada", imaginaba a ese viajero encantado con lo que encontraba al volver.

Llegaba a un país moderno, conectado, competitivo, pacificado. ¿Utopía? No, nada de eso. La respuesta es simple: liderazgo responsable.

Sigo caminando, pero agarro el teléfono y grabo "notas": pensar en nuevas formas de liderazgo, en distintas escalas (la casa, la pyme, la organización, el municipio, el país). El buen líder marca siempre la diferencia. Contagia, entusiasma, integra, estimula. **Genera confianza y confía.** Actúa. "Hace camino al andar", pero también valora el recorrido de los pioneros, capitaliza experiencias. No pretende ser perfecto. **Aprecia el talento de los demás.** Trabaja en equipo. Y aprende, sobre todo aprende. No tiene miedo de equivocarse, sabe que puede volver a empezar.

Guardo el teléfono. Ya es hora de volver. Recorro las calles de Casares, el lugar donde vivo, donde viven mis padres, donde conocí a mi marido y crié a mis hijos.

Si pienso en Iberoamérica, me identifico con Mercedes Sosa que cantaba "Todas las voces todas, todas las manos todas/ ser canción en el viento/ Canta conmigo, canta, hermano americano".

¿Cómo sería volver a Casares después de veinte años?

Mente en blanco.

Es que ni siquiera puedo pensar en irme.

Ya hace un tiempo que reflexiono sobre cómo cambió hoy la manera en que nos informamos con respecto a décadas pasadas: portales, programas online, WhatsApp, Twitter, webinars, YouTube, etc. Celebro que esta multiplicidad de vías de comunicación haya democratizado el acceso a diversas voces. Personas que verían muy difícil acceder a medios tradicionales, hoy tienen desde un programa propio en una radio online, hasta un espacio en una revista digital, e incluso son voces relevantes en redes sociales. A mí, que me encanta la diversidad en todos los espacios, me parece una situación maravillosa.

Sin embargo, también noto que esta multiplicidad exponencial de voces tiene como contrapartida un trabajo extra por parte de quienes estamos del otro lado, quienes consumimos información. Poder informarme absolutamente de todo me hace sentir, por un lado, confundida: ¿a quién escucho?, ¿me subo a esta plataforma?, ¿cuál es la noticia del día? ¿Me subo y replico, difundo las que me divierten, las que critican, las que generan malestar, las que enojan? ¿Me refugio en quienes opinan como yo o hacen lo que yo creo que está bien? ¿O verifico con periodistas que investigan y analizan las situaciones con criterios distintos a los míos?

Creo que las personas que no somos profesionales de la comunicación ni trabajamos en medios cada vez usamos más este poder para lastimarnos y confrontar. *Twittear* un insulto con destinatario, enviar una cadena de *whatsapps* hablando mal de alguien por su manera de expresarse o por haber hecho un video en alianza con alguna organización que no nos gusta, dedicar un podcast a la defenestración de una idea y sus representantes tienen costo cero para quienes lo hacen (y para algunos habilidosos incluso dejan un saldo positivo).

Podemos debatir si todas las ideas son igualmente válidas y fundamentadas y quiénes son los interlocutores más válidos. Pero nos hemos acostumbrado a confrontar despiadadamente. Y no quiero decir con esto que debemos pensar todos lo mismo: **la diversidad de puntos de vista nos enriquece.**

A pesar de que somos conscientes de ello, seguimos sintiéndonos cómodos entre quienes son nuestros iguales y no solo nos cuesta incorporar nuevas opiniones, sino que nos resulta cada vez más válido atacar a quienes son o piensan distinto, en vez de tratar de convencer o dialogar.

No queremos escuchar al que piensa diferente, nos molesta, nos hace perder tiempo, entonces es mejor directamente criticarlo, ignorarlo, estigmatizarlo y ponernos enfrente.

La facilidad con la que podemos encorsetarnos y atrincherarnos en nuestro metro cuadrado, al que ahora le sumamos *amenities* comunicacionales[4], hace que queden cada vez más desiertos los espacios comunes, allí donde podemos juntarnos a exponer y debatir ideas con la intención de dialogar, darle la oportunidad al otro de opinar y no solo hacer un show para nuestra tribuna. Cada vez es más costoso concordar y buscar representantes de la "no grieta". Tenemos un poder nunca visto y sin embargo lo usamos para destruirnos los unos a los otros.

La pregunta obligatoria es si esto pasa solo en Argentina o es un fenómeno mundial. Y sí, la realidad nos muestra que no somos los únicos ni los especiales. Veamos países como Estados Unidos, Brasil, Reino Unido, España o Alemania. Las grietas sociales y políticas podrán tener especificidades propias de cada cultura y contexto, pero el clivaje está siempre presente. De hecho, es tema a mencionar en foros como los de Davos, G20, entre otros. Aquellos días escuché al presidente alemán, quien sería el líder del G7 hablando de cautela, **amabilidad,** ser realista, trabajar en conjunto para restaurar la confianza, cooperación, diálogo y no confrontación.

Mal de muchos, consuelo de tontos, pero también destruye un poco la idea de que la población argentina es mala o vino fallada. Veamos a esta como la **oportunidad de ser el ejemplo.** Seamos más que personas que disfrutan el error de otros, que luego invierten horas, días para ridiculizar y destruir. **¿Por qué no invertimos más tiempo en difundir cosas buenas, en disfrutar de nuestros éxitos, pero también de los ajenos?** ¿Por qué no potenciarlos? ¿Y si empezamos por eso? Al menos esa es la premisa que trato de difundir desde Fundación FLOR: acompañar los logros

---

4   Dispositivos móviles, conexión a internet, y otros recursos tecnológicos

de las personas, visibilizarlos, hacernos eco de lo positivo y tratar de debatir sanamente con quienes tengan opiniones diferentes.

Todo esto me recuerda una época, mucho antes de los celulares, en que la comunicación en el espacio laboral se hacía por *handy*. Todavía me parece oír el enojo de mi padre cuando increpaba a algún colaborador. Los que estábamos cerca de uno de esos equipos de radiocomunicación escuchábamos todo y eso era lo peor que le podía pasar al destinatario de los retos. Pero todos nos sentíamos mal. Así que de muy joven adopté esta premisa: **las críticas, en privado y los elogios, en público.** Y si no tenemos la posibilidad de hablar directamente con esa persona a la que queremos hacerle un planteo serio, midamos nuestras palabras y seamos constructivos.

Este libro muestra la "cocina", el proceso de la escritura, porque me gusta desmitificar. Soy inquieta. No me encierro doce horas seguidas frente a la computadora. Tomo notas al paso, mientras camino, en el trayecto de ida o vuelta Casares-Buenos Aires, en los aviones. Y después llega el momento de pasar en limpio.

La caminata por Casares fue uno de los tantos disparadores que hacen que vuelva una y otra vez al tema del liderazgo responsable.

Cuántos cambios.

Luces led. Cordón cuneta. Descubrir una nueva casa flamante. Ver una familia que progresa.

Cosas palpables. Trabajo y resultados.

Iniciativas que les mejoran la vida a las personas.

¿Por qué no pensar las empresas en esos términos?

Organizaciones responsables. Eso es lo que necesitamos. Pensar desde iniciativas colectivas.

5

Pasando en limpio: liderazgo responsable

El tema de Davos 2020 fue el liderazgo responsable. Era enero, el Covid-19 inquietaba al mundo, pero no tanto todavía, aunque faltaba muy poco para la conferencia de prensa en que la OMS anunciaría que estábamos en pandemia.

El liderazgo responsable pensado más allá de la organización y mucho más allá del propósito de ganar dinero. Quedémonos con esas palabras que nos interpelan tanto: ayudar, equidad, crecimiento, sustentabilidad. Esos conceptos que se esbozaron en Davos 2020, antes de la pandemia, son mucho más urgentes ahora. Muestran el "por dónde".

El tema del liderazgo responsable es algo que resuena en mí desde el 2008. Por ello también está embebido en FLOR, donde trabajamos desde hace muchos años en este concepto y le sumamos otros:

- Integridad y confianza
- Generosidad
- Cooperación
- Diversidad e inclusión
- Compromiso y participación

No se trata de cualidades épicas, sobrenaturales. Me gusta pensar que son atributos básicos, al alcance de todas las personas, de todas las organizaciones, de todas las sociedades. Pero se hacen realidad cuando hay un buen liderazgo, cuando hay una coordinación, una tarea en común.

Y hablando de liderazgo, le pregunté a ChatGPT qué son los liderazgos responsables y mirá lo que me respondió… *"Los liderazgos responsables se refieren a la práctica de liderar de manera ética y consciente, teniendo en cuenta el impacto de las decisiones y acciones tanto en las personas como en el entorno. Implica tomar decisiones basadas en valores éticos, considerando el bienestar de todos los involucrados, desde los empleados y clientes hasta la sociedad en general.*

Un líder responsable se preocupa por el desarrollo y el crecimiento de su equipo, fomentando un ambiente de trabajo inclusivo y equitativo. También considera el impacto de sus decisiones en el medio ambiente, promoviendo prácticas sostenibles y respetuosas con el entorno.

Además, un líder responsable es transparente en su comunicación, actúa con integridad y asume la responsabilidad de sus acciones y sus consecuencias. Busca construir relaciones de confianza y colaboración, y toma decisiones informadas que equilibran los intereses a corto y largo plazo.

En resumen, los liderazgos responsables se centran en liderar de manera ética, equitativa, inclusiva y sostenible, considerando el impacto social, ambiental y económico de las decisiones y acciones."

Estamos en una época de aceleración de los cambios y eso demanda **líderes ágiles** y perspicaces para estimular lo mejor de las personas y lograr que trabajen juntas. Empezamos la década con una transformación abrupta, inesperada, que nos modificó para siempre, pero no hace falta insistir una y otra vez con la pandemia. **No necesitamos un acontecimiento tan radical para darnos cuenta de que el mundo cambió.**

> **¿Qué cosas deberías cambiar para volver a enamorarte de tu trabajo? ¿Qué pasos te ayudarían a agregar valor a tu tarea?**

En mi caso, ya no tengo que pensar en mis padres para apreciar la dimensión del cambio tecnológico. Yo misma puedo dar testimonio de una época en que la TV era en blanco y negro, era difícil hacer llamadas de larga distancia, no existían las fotocopias y los errores de tecleo se solucionaban pintando la letra equivocada con un líquido blanco, que parecía el colmo de la sofisticación. Qué distinto todo. **¿Cómo nos habría afectado una pandemia en los ochenta?** Sin computadoras, sin *home banking*, sin *delivery*.

El vaso medio vacío es que el acceso no es igual para todos y allí hay un campo en el que tenemos que sembrar. Es mucho el trabajo por hacer. La inclusión, la equidad y la justicia se ponen en juego en esas cosas. Y necesitamos a las mejores personas para liderar ese cambio. Necesitamos líderes responsables, que entiendan los requerimientos actuales y tengan las cualidades apropiadas para responder a esas demandas.

¿Qué habilidades debería tener un líder hoy? En FLOR, lo caracterizaríamos de la siguiente manera:

- **Buscar siempre la excelencia** y la calidad. Todo se puede hacer mejor, pensar en la mejora continua.
- **Inspirar y motivar.** Me gusta pensar que un líder moderno es un agente del "buen contagio", el contagio positivo, porque infunde entusiasmo, energía. Seguramente nos suceden o afectan nuestras preocupaciones pero no debemos trasladarlos a nuestros equipos.
- Ser **sensible al entorno** y a las necesidades de los demás. Ya quedó atrás ese perfil de líder "duro", despiadado, que fomentaba el individualismo y la supervivencia del más fuerte. Un líder moderno reconoce el talento de los demás y lo potencia.
- **Respetar la dignidad** de las personas en todos los roles. Porque el buen líder sabe que todos aportamos valor, que todas las tareas son importantes.
- **Aprender constantemente.** Fundamental: insistamos con la idea de estar siempre "en estado de aprendizaje". Aceptar que nadie tiene todas las respuestas y ser transparente al respecto.
- **Escuchar.** Qué simple parece, pero qué poco se ejerce la escucha atenta, ese ejercicio de estar disponible para el otro, prestarle toda la atención que se merece. Mantener la mente abierta.
- **Trabajar interdisciplinariamente.** Esto implica fomentar el espíritu colaborativo, la comunicación entre áreas, interesarse por lo que hacen los demás y cómo eso impacta en la tarea de cada uno.
- Entender la **interdependencia** y **corresponsabilidad.**

La buena noticia es que todos podemos ejercitar estas habilidades, porque no son exclusivas de las grandes organizaciones. Se trata de cambiar la forma de relacionarnos con los demás, de prestar atención a los modales, a la actitud con que encaramos las tareas de todos los días.

El liderazgo es cada vez más horizontal. Hay un referente que guía, una persona que se hace responsable, que está para guiar, para acompañar, pero —y sobre todo— para empoderar, para que las personas se animen a dar un paso al frente, a poner en juego sus capacidades, conocimientos, habilidades. A desplegar ese plus, ese sello personal que marca la diferencia.

Un liderazgo responsable implica capacidad de colaborar, reconocer el propio éxito y celebrar el de los demás, así como considerar todos los grupos de interés. Pero fundamentalmente, la vocación por el diálogo, la escucha, la generosidad, la empatía. Un líder responsable debe ser capaz de generar redes, apreciar la diversidad, **preparar sucesores** y dejar un legado. Pensamos a estos y estas líderes como personas de mente abierta, con conciencia de su influencia y sus valores, amables, **"coopetitivas"** —es decir, competitivas pero siempre desde la cooperación—, generosas, que participan, que son protagonistas. Sobre todo, consideramos que son personas que se toman a sí mismas como la causa principal y la mejor solución a los desafíos.

¿Cuál es el resultado de estos liderazgos? La construcción de organizaciones responsables. Es decir, aquellas que trabajan por un propósito. Algo más trascendental que solo generar ganancias. Las que construyen redes, no jerarquías. Pensamos en compañías ágiles en la planificación y la preparación, transparentes, responsables ante su entorno y sus comunidades. También, como los líderes responsables, son las organizaciones que consideran a todos los grupos de interés y se asumen a sí mismas como la causa principal y la mejor solución a los desafíos.

En Fundación FLOR, luego de una tarde de *brainstorming* junto al equipo, elaboramos un modelo, identificando las cinco dimensiones de una organización responsable, **las "5 P":**

- **Propósito:** todo comienza aquí, con una idea, una meta y visión que busquen cambiar el mundo.
- **Personas:** dimensión que tiene que ver con cuidar el bienestar de las personas, ya que es el recurso que hace posible cualquier sueño.
- **Procesos y políticas:** esta se trata de fomentar buenas prácticas de gobierno, de la transparencia y la profesionalización.
- **Prosperidad:** en relación con la rentabilidad y sostenibilidad en el tiempo.
- **Planeta:** contemplar el impacto de nuestras acciones sobre el medioambiente y los recursos debe convertirse en prioridad también.

Todas estas variables operan mejor si están atravesadas por la flexibilidad para adaptarse rápidamente a los cambios, por la tecnología como medio para lograr nuevas soluciones, por el pensamiento crítico, la curiosidad y el sentido común.

Nos gustaba pensarlo como si fuera una mano, donde cada dedo representa una P y las articulaciones son las que unifican y movilizan —agilidad, tecnología, pensamiento crítico, curiosidad, sentido común—. Con movimientos dinámicos pero con momentos de estabilidad también. Y ahí vuelve a aparecer alguna de las tensiones que emergen en las organizaciones. Necesitamos estabilidad, pero la vida es dinamismo.

Por otro lado, todas estas dimensiones deben ser medidas y comunicadas de manera tal de rendir cuentas a todos los *stakeholders*.

En un 2023 atravesado por la guerra entre Rusia y Ucrania que perdura, se desata una nueva guerra en Israel y en la franja de Gaza. Todos conflictos que generan incertidumbre sobre su fin y la llegada de acuerdos. Y la gran pregunta: ¿será que estamos viviendo una tercera guerra mundial?

Pensando y analizando estos últimos grandes temas, pienso inevitablemente en una P más, necesaria en el mundo y en la vida de cada persona, que es la **Paz.**

La misma pasión

Por **RAÚL ÁNGEL RODRÍGUEZ**

Director profesional de empresas
Miembro del Board de EXCELENCIA/Fundece

Tuve la suerte de conocer a Andrea en dos instancias bastante cercanas en el tiempo. Por un lado, cuando cursé el programa de Director Profesional Certificado de IGEP (Instituto de Gobernanza Empresarial y Pública). Andrea fue mi profesora en una de las materias, y conocí allí su pasión por un buen gobierno corporativo y la necesidad de la diversidad en los directorios. Primera pasión en común.

Por otro lado, en Fundece (Fundación para la Calidad y la Excelencia), estábamos iniciando un proyecto de integración y desarrollo de las actividades, lo que llevó a crear algunas comunidades de conocimiento. Una de ellas, la cual propuse, fue la de Calidad en el Gobierno de las

Organizaciones. Esto es, llevar las herramientas y mejora de procesos y performance que se usan en el *management* de las empresas, a la gestión del directorio (o consejos, en el caso de ONG). Por sugerencia del doctor Marcos E. J. Bertin, convocamos a Andrea y a la Fundación Flor a integrar esta comunidad. Claro, resulta que el increíble Dr. Bertin se había convertido en mi mentor en estos temas, y ya lo era de alguna manera de Andrea. Segundo punto en común.

Comenzamos a trabajar en la Fundación, con otros profesionales y ejecutivos de gran prestigio y así elaboramos, en un primer paso, un Manual de Buenas Prácticas en Calidad de Gestión del Gobierno de las Organizaciones, donde nos distribuimos la escritura de los diversos capítulos entre miembros de la comunidad. En los capítulos escritos por Andrea se pueden encontrar sus claras y concretas ideas sobre la importancia de un buen gobierno de las organizaciones, lo que valoré mucho cuando actué como una suerte de "editor" de sus escritos.

El manual fue presentado en un desayuno/taller muy exitoso, con la exposición y participación de empresas y organismos como la Comisión Nacional de Valores.

Luego nos propusimos otra meta (no sea cosa de dormirse en los laureles). Fue crear una nueva categoría del Premio Nacional a la Calidad. Entre tanto, las tres organizaciones (Fundece, Fundación Premio Nacional a la Calidad e IPACE-Instituto Profesional para la Calidad y la Excelencia), se estaban integrando, sin perder individualidad en el Espacio EXCELENCIA, lo que nos permitió mejorar su gestión y crecer y visibilizarnos en el mercado objetivo de nuestras organizaciones.

Así, armamos un grupo de trabajo entre la Fundación y el IAE Business School, y al cabo de un largo período de reflexión y escritura (por supuesto, participando activamente Andrea), terminamos lo que denominamos Modelo de Excelencia en la Gestión de Directorios. Posteriormente, este modelo fue la base sobre la cual el Estado Nacional aprobó la nueva categoría: Premio Nacional a la Calidad en la Gestión de Directorios, donde pueden competir anualmente empresas de todo tipo y tamaño, y también organizaciones sin fines de lucro.

Una apostilla: como todo premio, tiene un jurado, y por supuesto, estando en él, invitamos a Andrea a integrarlo, lo que hizo de muy buen grado. El multitasking parece ser una de sus grandes características.

Posteriormente, desde mi actuación como director de Gobierno de las Organizaciones de la Fundación, hemos seguido realizando actividades (diversos Fórums de Excelencia), donde, con su proverbial proactividad y generosidad, Andrea ha participado siempre, ya sea en paneles, exposiciones, etc. Es una pasión que seguiremos compartiendo.

Finalmente, quería comentar el tercer punto en común, y tal vez el más importante. Tiene que ver con mi propio proceso personal, porque de ser ingeniero industrial y gerente experto en petróleo, gas, energía y logística, pasé a ser director profesional de empresas, y últimamente fui vicepresidente de Metrogas, Oleoductos del Valle (Oldelval) e YPF Gas. En otras palabras, Andrea y yo compartimos la *pasión por reinventarnos*. Tuve la oportunidad de experimentarla en mi propia vida y carrera profesional y no dejo pasar ninguna oportunidad para difundir este maravilloso proceso en toda charla que doy para profesionales y estudiantes.

6

Muchas escalas

Disfruto mucho viajar, y lo hago cada vez que puedo. Este capítulo narra pinceladas de algunos de esos viajes, con la intención de compartir **emociones asociadas, dilemas y aprendizajes.**

Escala en Miami
Reflexionando sobre la ética

Estoy en junio de 2021 en un avión, rumbo a Miami. Me encanta este destino. A menudo pienso en él como el lugar para retirarme. Esta vez viajo con Paulina y Agustina. Delfina, embarazada, prefirió quedarse en Buenos Aires, con toda lógica.

Las chicas conversan. Las dos miran juntas una serie y parecen de lo más entretenidas. Envidio ese fervor con que comentan episodios, se ríen, discuten. No puedo engancharme con ese mundo, rara vez veo películas o series, sencillamente no me atraen. ¿O será que me cuesta mantenerme concentrada en el mismo tema más de un rato?

Es mi primer viaje afuera en más de un año y no puedo disimular mi alegría. Necesitás miles de papeles y nunca estás segura sobre si vas a poder cruzar la frontera. Sin embargo, estar otra vez en el aire y con dos de mis hijas, es un gran placer… Después de meses tan difíciles y agobiantes, un breve paréntesis para recargar energías.

Viajamos con la idea de vacunarnos. Le di muchas vueltas a la idea, ¿está bien, está mal?

En mi razonamiento, me di cuenta de que de esta manera no ocuparía luego un lugar cuando llegaran las vacunas al país. Si me adelantaba, usando mis propios recursos, dejaría el lugar a otros. Quizá resultaba difícil en ese entonces ver algo tan sencillo. Ahí yo no veía dilema alguno. Un dilema es una decisión entre dos valores, y los dos importantes, y hay que elegir cuál priorizar y cuál subordinar. En la decisión de viajar para vacunarme… ¿cuál era el valor que estaba subordinando? Cuántos planteos éticos han surgido, día tras día, a partir de la situación por la que atravesamos. **Es interesante que la ética haya pasado a primer plano, que nos interroguemos sobre la verdadera índole de las decisiones que tomamos.**

La ética pone en juego el tema de los valores y sale a la luz la escala que una sociedad va elaborando: qué principios están por encima de otros, de qué cosas podemos prescindir y cuáles son innegociables. Quizás no lo veíamos en ese entonces, tan abrumados por infinidad de problemas, tan preocupados por un escenario incierto, pero hay muchas cosas que estábamos redefiniendo como sociedad. Es establecer el grado cero, el punto de partida, marcar el lugar desde el cual construir.

Escala en Francia
Reflexionando sobre la incertidumbre y el poder

Se casaba mi sobrina en el sur de Francia. Hace tiempo que vive allá porque se enamoró de un francés. Esa boda era un evento muy esperado, que se había pospuesto por obvias razones durante 2020 y ahora resultaba ser el primer reencuentro familiar post-pandemia. Nuevamente, no sabíamos si íbamos a lograr cruzar la frontera o qué odisea nos tocaría vivir para llegar. Estábamos todos muy ansiosos. Ahora teníamos que amigarnos con la idea de que dependíamos de la persona que nos tocara en aduana para saber si podríamos acompañar a Oli en este momento tan importante para ella. Esta **independencia** que uno siempre busca alcanzar de repente desapareció. Estábamos a merced del criterio y la voluntad de otro que nos autorizara a pasar, aún teniendo toda la documentación que nos requerían.

Viajé con Pauli, compañera de viajes siempre materia dispuesta y sin ataduras, que además trabaja conmigo, lo cual le da cierta flexibilidad.

Por esa época se multiplicaban las historias de personas que se quedaban en los bordes, sin poder reencontrarse con sus seres queridos. Lo nuestro era un encuentro feliz, una boda, pero todos los días leíamos historias desgarradoras sobre padres que no podían cruzar la frontera interprovincial para encontrarse por última vez con una hija enferma de cáncer, o hijos que no podían dar el último adiós a sus padres. Esas historias me resquebrajaban el espíritu y me hacían pensar en el ejercicio del poder. Cuando estos casos dependen de alguien que tiene la potestad de permitir o no esos reencuentros, la persona que debe decidir puede atenerse a la letra de la regulación o usar su criterio para entender el espíritu de la norma y despegarse de la literalidad. Hace falta mucha inteligencia y bastante valentía para usar el buen criterio en el ejercicio del poder.

En nuestro caso, por suerte, pudimos pasar y celebrar con Oli. Fue un reencuentro maravilloso.

Escala en Lima, Perú
Reflexionando sobre la gobernanza corporativa en América Latina

En diciembre de 2022 fui invitada a Lima, Perú al evento anual "Latin America Roundtable on Corporate Governance" que organiza OCDE. Me convocaron a hablar sobre como mejorar la diversidad de género en los consejos de administración y en la alta dirección de las empresas cotizadas. Aunque la representación de las mujeres en los consejos de administración de las empresas que cotizan en bolsa ha aumentado significativamente en la última década, las mujeres representan menos de una cuarta parte de los miembros de los consejos de administración.

Viajé como siempre con Santiago Chaher, quien es reconocido como un estudioso y pionero en prácticas de gobernanza en la región, consultor internacional, quien desempeña el cargo de vicepresidente en FLOR. Siempre está pensando en cómo innovar y **adaptar los directorios con las nuevas tecnologías.**

Pero mientras estábamos en la mesa redonda analizando estos y otros temas como parte de la revisión de los principios del G20 y la OCDE, la persona que presidía se levantó y dijo que debía irse porque ya no sabía si tenía que estar en ese lugar. Fue un desconcierto, pero inmediatamente escuchamos que se había declarado un toque de queda frente a los disturbios políticos y civiles. Había renunciado todo el gabinete del presidente Pedro Castillo. Fuerzas armadas y policía no lo apoyaban y nos sugerían irnos rápidamente al aeropuerto aunque faltaran muchas horas para nuestro vuelo.

La nota de color de esta situación fue que cuando llegué a Perú había un presidente, y cuando me fui, una presidenta, Dina Boluarte, una mujer en un lugar de decisión.

Escala en Mendoza
Reflexionando sobre la diferencia entre ejecutar y gobernar

También hice una linda escapada a Mendoza. Esta vez acompañando a Walter que estaba reinventándose con respecto a sus roles en la política. ¡Qué difícil era pasar de intendente a senador, salir de la ejecución para legislar! Y esto me remonta a lo que tanto hablamos en FLOR sobre la **diferencia entre gobernar y ejecutar,** y cuánto nos cuesta pasar de una a otra…

Mientras que ejecutar te permite hacer y ser parte de la implementación de las ideas, gobernar implica tomar decisiones o generar estrategias para que otras personas las lleven adelante.

¿Por qué es tan difícil este cambio? Lo observo a menudo y no solo en la política: también en las empresas. Como cuando un dueño no puede dejar la operación para dar lugar a ejecutivos profesionales, tal como me pasó a mí en Los Grobo. Supongo que para mí, al igual que para muchas otras personas, es más fácil hacer y hacer. Yo hoy no estoy en la ejecución y sin embargo cada tanto me gusta meterme de nuevo en la acción. Ayudar a resolver, a destrabar. Sé que lo pueden hacer sin mí y también aprendí que una vez que delegaste, volver a meterse suele complicar en lugar de facilitar. Pero el ego sufre. Cuando te gusta hacer, tomar acción, es difícil hacerse a un costado.

Estaría incompleta la reflexión si terminara aquí. Tengo que agregar que, si te abstenés de volver a entrar por la ventana cuando te fuiste por la puerta, la sastisfacción de darte cuenta de que tenés tiempo para pensar y para diseñar el mañana en lugar de estar tan absorbida por el hoy, pronto se transforma en felicidad de observar que tu impacto es mucho mayor cuanto mayor es la amplitud de tu vuelo.

Escala en Qatar
Reflexionando sobre la accesibilidad y el cambio climático

El broche de oro del año fue el Mundial de Qatar con mi familia: ¡Qué lindo conocer todos juntos!

El Mundial fue una experiencia maravillosa. Sacamos entradas para los tres primeros partidos. Como seguramente recuerdan, en el primero perdió Argentina contra Arabia Saudita: ¡qué depresión! A partir de ahí, participamos en las plazas de encuentros argentinos. Me encantaba ver a hinchada, las banderas, la emoción y la buena energía. Y las cábalas, y las decoraciones de las habitaciones: cualquier cosa celeste o blanca que aparecía, la usábamos para decorar. Y con estas cábalas que nos llenaron de esperanza, volvimos al estadio para ver el segundo partido.

Fue todo un desafío ir con una silla de ruedas. Todos entraron, pero para Agus fue imposible. No era un lugar para personas con discapacidad. Intentamos todo, hasta pedimos llevarla a upa…¡lo que fuera! Finalmente ella y yo disfrutamos los partidos pero las dos solitas, lejos del resto de la familia. **No es fácil andar en silla de ruedas por el mundo.** Y luego, como era cábala, ya seguimos en diferentes lugares, con la misma ropa y todo, como ganamos con México.

Y así fuimos la mejor hinchada. A lo largo de todo el mundo se hablaba de los argentinos como los mejores fanáticos. Teníamos los mejores cánticos, los mejores ritmos. Y ya no era solo ver los partidos sino la gran fiesta argentina que se generaba en las calles de Qatar.

Regresamos y, ya en Argentina, seguimos viendo los partidos con las mismas cábalas, hasta que nuestro país salió campeón del mundo en aquel inolvidable diciembre de 2022.

Una de las reflexiones que me despertó ese viaje fue la de cómo un país tan pequeño podía consumir tantos recursos. Por ejemplo, en las calles había aire acondicionado que salía del suelo.

Qatar es el país que más rápido gasta los recursos que su territorio puede generar en un año. Existe un indicador que mide esto, se trata del **día del sobregiro mundial,** donde se estima que ya se han consumido los recursos que el planeta puede generar en un año. A partir de ese día, el mundo empieza a **tomar prestados recursos de su futuro.** Por lo general, este día se ubica hoy a inicios del mes de agosto. Sin embargo, en Qatar, esta fecha se adelanta al 10 febrero. Eso implica que en menos de dos meses, este país suele consumir lo que debería generar en un año entero.

Me encanta viajar y tomar aviones pero luego pienso en el efecto climático que tiene este transporte. Me preocupa poder medir y compensar mi propia huella de carbono.

¿Medís tu huella de carbono? ¿Qué hacés para compensarla?

Escala en India
Reflexionando sobre otras culturas

En 2023 tocó India, donde se celebraba el W20. India no estaba en mi mapa de lugares para conocer en lo inmediato, y por eso agradezco que el W20 lo puso en mi agenda. Esta vez invité a los melli, Pauli y Lucho. Me maravilló la calidez y amabilidad de la gente, además de los monumentos, las cuevas, la naturaleza que vimos. En todos los lugares que visité aprendí modos de vida diferentes, escuché historias de personas y recorridos de instituciones. En todos nos sentimos (y nos hicieron sentir) de maravillas. Unos meses después volví, esta vez en compañía de mi amiga Miriam Prieto, en el marco del G20 donde fui invitada a dar una charla y compartir lo que hace nuestro país para fortalecer la democracia.

India es un país diverso en cultura, historia y tradiciones. Tiene una enorme **diversidad cultural.** Abarca una amplia gama de idiomas, religiones, festivales y costumbres. Pero lo más increíble es cómo coexisten todas ellas.

Su historia es rica y compleja, con contribuciones significativas en áreas como la filosofía, las matemáticas, la arquitectura y las artes. Puede ser difícil de entender para quien no nació allí, pero las personas amablemente cuentan sus historias y explican su cultura. La **espiritualidad** es fundamental en la vida india. Las lecciones de las diversas filosofías y prácticas espirituales invitan a pensar sobre el significado de la vida y el bienestar emocional.

Son personas muy resilientes y adaptables, atraviesan disparidades económicas muy grandes pero salen adelante, venden leche de sus vacas, buscan la forma de sostenerse y se refugian mucho en lo espiritual.

Escala en Nueva York
Reflexionando sobre el rol de la mujer

Marzo es el mes de la mujer, y yo quería hace tiempo ir al evento de ONU Mujeres en New York. Era un lugar que quería visitar, pero también un espacio para aprender y dar a conocer a FLOR. ¡Cuántas mujeres del mundo, reunidas por un mismo propósito!

Muchos grupos de ellas vestidas iguales, otras con detalles, todas tratando de compartir sus visiones, de negociar con sus puntos de vista el documento final. La presidencia del Foro era de Argentina y me encantó ir a escuchar.

En este Foro hubo mucha diversidad de voces. Muchos países dialogando, analizando la realidad de las mujeres y tratando de buscar **soluciones en conjunto** que se traduzcan luego en acciones concretas. Si bien muchos creen que todos los géneros estamos en condiciones de igualdad en casi todos los ámbitos, la realidad es muy diferente. Las estadísticas muestran que a pesar de que las mujeres conforman prácticamente la mitad de la fuerza laboral, un porcentaje muy pequeño de los puestos de decisión son ocupados por nosotras. Tanto en el ámbito público como privado. Como siempre, regreso a casa pensando cómo desde nuestro lugar podemos aplicar y ejecutar estas ideas para transformar la realidad.

Escalas en el Hospital
Reflexionando sobre la salud y nuestra propia vulnerabilidad

El 2023 fue un año muy difícil en temas de salud. Las escalas fueron en el Hospital Italiano de Buenos Aires. Desde el año 1989 que nació Agus no recuerdo haber estado tanto tiempo entre estudios, cirugías, hospitales.

Luego de casi 20 años, ella decidió hacer una cirugía que mejoraría su independencia, pero algo no salió bien, tuvo otra intervención de urgencia a la semana y eso trajo otras complicaciones. Entre abril y noviembre empecé a vivir no solo día a día sino hora a hora. Tuvo algunos inconvenientes que la obligaron a hacer varias escalas en boxes médicos. Y ahí es cuando recuerdo por qué temía tanto esta operación: cada intervención quirúrgica es un riesgo. Ser mamá de personas con discapacidad me obliga a estar más consciente de cuestiones como buscar la independencia de mi hija pero asegurar su bienestar. Redoblar esfuerzos para tener la seguridad de que ella va a poder arreglárselas sola cuando ya no estemos sus mayores. Pero mientras llega ese momento, cuidarla sin descuidarme, cuidar a las cuidadoras para estar fuerte y para pasar lo mejor posible nuestros días, nuestras horas juntas. Esos son los temas que me desvelaron este año.

Octubre nos volvió a sorprender con cuestiones de salud de Agus: durante un mes estuvo en terapia intensiva con dos cirugías importantes de válvulas endocraneales. Esto nos mantuvo haciendo escala en el Hospital hasta mediados de noviembre. **En este viaje que es la vida, hay escalas que nos ayudan a recuperar y otras que nos tienen al trote.** Escalas donde disfrutamos y otras donde el disfrute no encuentra su momento. Saber que habrá de las dos, y que nadie nos prometió que no tendríamos momentos de dolor, paradójicamente, me amiga con la finitud y me deja más tranquila.

Última escala
Reflexionando sobre viajar

Cuando armo mi agenda, estar en los eventos internacionales que me importan tiene prioridad. Esto es poder **unir lo útil con lo agradable.** Viajar yendo a algún evento a dar una charla, organizar reuniones con embajadores del país, o con alguna personalidad que conozca o me interese conocer. Si hay mujeres de la red de FLOR cerca, armar un encuentro con ellas. Los viajes solo con monumentos y museos, me parecen incompletos.

Sin embargo, es parte de lo que estoy trabajando: tratar de tener momentos de relax, lograr que me sobre el tiempo, momentos de ocio. Es que siempre pienso que debo aprovechar los minutos al máximo, que ya tendré tiempo para no hacer nada, para descansar cuando me muera.

Así que mientras trabajo en este libro que ahora está, querido lector o lectora, entre tus manos, sigo uniendo viajes y agendas, armando encuentros FLOR en todos los rincones del mundo que pueda. O juntando eventos internacionales con viajes familiares.

Mi vida está llena de "escalas", porque en cada viaje aprendo algo diferente y vuelvo transformada. ¡Me encantaría viajar más! Pero es cierto que no puedo evitar volver bastante a Argentina.

Y aquí resuenan mis contradicciones aún no resueltas. Empezaba a entender la importancia de priorizarme, de hacer lo que más me gusta, sabiendo que me quedaban pocos años para disfrutar de estas aventuras. Aunque no dejaba de estar preocupada por dejar a mis padres y a mi nieto. Me pueden.

Por eso puedo tener un excelente plan de viaje pero aún así regreso tres días a Casares para ver cómo está todo, abrazar a la familia para luego volver a viajar tranquila, segura de que la casa está en orden y con esa **energía tan especial que me dan los abrazos.**

¿Será que me gustan las escalas?

La verdad es que me canso, pero no dejo de pensar en que ahora es el momento para disfrutar de esta libertad y de la posibilidad de moverse sin las dificultades que sin duda van a aparecer más adelante, con la edad.

7

Campo de acción

Los Grobocopatel tenemos una relación muy fuerte con el campo. Nuestra actividad giró siempre en torno de temas agropecuarios. Yo no escapo a esa tradición, aunque confieso que no es la actividad que más disfruto hoy. No soy una experta en granos, ni en fertilizantes, ni en nada que tenga que ver con lo productivo. Sí me gusta la organización, la profesionalización en todas las áreas, motivar, acompañar, evaluar en determinada zona el impacto que tiene su crecimiento agropecuario, analizar los impuestos, costos y resultados. Sueño con la posibilidad de que nuestro querido país atraviese la **migración inversa:** que la gente deje las grandes ciudades para desarrollarse y crecer en áreas rurales. Me encanta cuando alguien me cuenta lo feliz que es viviendo en el interior.

Como miembro de la empresa familiar Los Grobo, de la que formé parte durante muchos años junto a mis padres y hermanos, contaba con un patrimonio de origen propio que había que administrar, había que tomar decisiones para mantenerlo y hacerlo crecer. Hablamos con Walter y nos entusiasmamos con la idea de comenzar un emprendimiento conjunto, también familiar, pero esta vez limitado a la familia que iniciamos entre los dos. Así nació en el año 2009 Ampatel, una empresa orientada, en sus inicios, a la compra de propiedades urbanas y/o rurales. El nombre se le ocurrió a Walter: A de Andrea, M de Mariela (mi segundo nombre) y PATEL, por el final de mi apellido.

En el año 2011 adquirimos un campo en la localidad de Carlos Casares que denominamos La Familia, este campo no fue de propiedad de Ampatel sino de una nueva sociedad de los Torchio-Grobo, denominada Resiliencia S.A.

Pocos años más tarde, mi papá Adolfo divide los campos entre sus cuatro hijos y es, en ese momento, que decidimos con Walter, pensando en el futuro, en la sucesión, conformar tres sociedades más WTT S.A. (**Walter Torchio Terazzolo**), Edinfe S.A. (**Edith Norma Feler** —mamá de Andrea Grobo—) y Diversidad S.A. En total, junto con Resiliencia y Ampatel conforman el grupo.

En 2014 vendimos la última propiedad rural, nos quedamos solo con inmuebles urbanos y la compañía definió aún más su perfil. Hoy, Ampatel es la empresa operadora, en Argentina, de los activos agropecuarios de la familia Torchio-Grobocopatel. La mirada está puesta sobre todo en el campo y, a la vez, la empresa podría funcionar como plataforma para otras inversiones.

Ampatel fue diferente a Los Grobo no solo porque era la empresa que formamos con Walter sino por que comencé a ver, vivir y aprender de la actividad agropecuaria desde otro lugar… nos convertimos en productores agrícola-ganaderos con todo lo lindo y lo "no tan lindo".

Por supuesto, no es un jardín de rosas. Todos creíamos que 2022 sería el gran año para el campo: suba de precios, costos relativamente bajos, pero todo se complicó. Cuando llegó el momento de cosechar, empezó a llover más de lo normal. Eso es lo que nos pasa a los que vivimos del campo, ¡tenemos una industria sin techo! Y así no se podía entrar en los lotes, las máquinas se encajaban. Cuando teníamos las máquinas, los camiones eran los que no querían ir a los caminos porque estaban muy deteriorados y también se encajaban.

Es por esto que nos contactamos con los vecinos para ver cómo solucionar esta situación y acordamos rellenar los pozos con escombros ya que hablábamos con la Municipalidad y no llegaban con todo.

Y empezaban las dudas: ¿embolsábamos o no?

A veces las dificultades no dan tregua…

En un momento, teníamos todo sin cosechar. Debo confesar que me despertaba de noche, algo que nunca me sucede. Siempre había dormido bien, o por lo menos hasta entonces. Entonces, ¿qué hacía? No me iba a quedar en la cama dando vueltas. Me levantaba, revisaba mails, llegaban algunos de otras partes del mundo a esas horas, algunos que tenía pendientes, escribía algunas ideas que aparecían mientras me desvelaba. Me reía porque a la mañana mis hijas o quienes habían recibido mis mails me preguntaban "¿Qué te pasó anoche?".

Voy al campo, recorro los cultivos, la ganadería, las casas, los galpones. Me gusta estar cerca de los problemas y cerca de las personas. Porque, como decía mi *zeide* José, **el ojo del amo engorda el ganado.** Igual hace tiempo quiero implementar algunas nuevas tecnologías como chips en los animales que permitan facilitar la gestión del ganado, el seguimiento de la salud y el rendimiento de cada animal, así como su trazabilidad y la seguridad alimentaria. Hoy usamos caravanas en las orejas del ganado para distinguir individualmente a cada animal. Suelen estar hechas de plástico resistente o metal y contienen un número, pero sueño con algo de manera de poder controlar más esto a la distancia, algo para lo que necesitamos conectividad en el medio del campo y aún no la tenemos, solemos no tener ni señal del celular. En breve lo lograremos sin duda.

Estuve complicada unos días, enojada con algún contratista que me abandonó, con el clima, con tener el fruto de tanto trabajo bajo las inclemencias del tiempo, mirando el pronóstico y apurando al equipo para hacer todo lo más rápido posible.

Pero como todo, se fue acomodando, con mucho esfuerzo del equipo y la mejora del clima pudimos atravesar esta situación.

La actividad del campo es muy dinámica y **hoy el clima realmente es impredecible,** y suele suceder que llueve mucho en un campo y nada en el del vecino, antes era por zonas, pero ahora está muy enrarecido.

Creo que debemos preocuparnos y ocuparnos mucho más para gestionar la incertidumbre.

Pienso en el equipo que hace funcionar Ampatel y no puedo evitar sentirme orgullosa. Jóvenes, comprometidos, pujantes. Pienso en Casares, en mi sueño de que sea cada vez más atractivo, un lugar en el que las personas piensen en radicarse y desarrollarse allí. Por eso hay que trabajar mucho y demostrar hasta qué punto el sector agropecuario aprende, innova y se profesionaliza.

El negocio podría ser más productivo, pero requiere inversión en tecnología y desarrollo de competencias que se dificultan por el limitado acceso a internet y dispositivos móviles.

Ya es hora de que todos aprendamos
a capitalizar lo hecho por los que
nos precedieron, en todo sentido.
Quizás, en el fondo, de lo que se trata
es de que cambiemos nosotros.

Hay mucho trabajo por hacer. No se trata solo de profesionalizar el sector, también tenemos que cambiar nuestra mirada. Tampoco significa empezar de cero, transformar todo. Pero eso es tema para pensar en alguna de mis caminatas.

Pero hay un aspecto de Ampatel que me interesa destacar especialmente: la idea es que funcione como una **organización escuela** para los miembros de la familia que van a ser los futuros propietarios. Mi aspiración es el aprendizaje constante, a la profesionalización de todas las áreas y el compromiso genuino entre todos quienes la formamos, para que se desarrolle la compañía y las personas que la llevan adelante, tanto dentro como fuera de la empresa.

Es por eso que en el año 2018 decidimos redactar nuestro protocolo familiar con la finalidad primordial de lograr que la familia y la empresa formen un solo bloque cohesionado, unido por lazos de afectividad, conciencia social y profesionalidad y que las normas que se establezcan resuelvan al mismo tiempo las inquietudes o necesidades legítimas de los miembros de la familia, atendiendo sobre todo a los aspectos relevantes de su educación como accionistas, para prevenir qué aspectos puramente familiares o personales pueden afectar los criterios profesionales que deben regir la gestión y dirección en sus actividades económicas.

Cuando redactamos este protocolo definimos los valores que como familia queremos que las personas que forman parte de nuestras organizaciones compartan. Los valores de Ampatel guían nuestras acciones y relaciones con los demás.

El **compromiso,** estar involucrado y dispuesto a cumplir con las responsabilidades mostrando lealtad y constancia en nuestras acciones, tanto en nuestro rol interno como para la comunidad.

La **solidaridad,** mostrar empatía y apoyo hacia los demás, promoviendo la unión y cooperación entre las personas.

El **respeto,** escuchar, aceptar opiniones diferentes a las propias, reconocer y valorar la dignidad, la diversidad y los derechos de todas las personas.

La **perseverancia,** persistir en la búsqueda de objetivos a pesar de los desafíos, siendo resilientes y siguiendo el logro de resultados.

La **humildad,** tener una actitud de apertura, transparencia y disposición para aprender y crecer, reconociendo nuestras limitaciones y errores con sinceridad y sencillez.

El **trabajo en equipo,** colaborar de manera armoniosa y eficiente con otros para lograr objetivos comunes, valorando las habilidades y aportes de cada individuo.

Al trabajar en este documento y definir nuestros valores, volqué mucho de mi propia experiencia y del aprendizaje de mis tiempos en Los Grobo. En aquel entonces pensaba "si alguna vez tengo mi propia empresa…".

Trabajar con una *rockstar*

Por **Lali Astudillo**

CEO (Chief Emotional Officer) de la familia Torchio Grobo

Cuando comencé a trabajar con Andrea, no tomé mucha dimensión del mundo en el que me estaba insertando. Es decir, creo que no imaginé ni un 1 % de lo que vendría después.

Mi trabajo consistía en ser secretaria por seis meses, para luego pasar a otro puesto de la empresa. Uno dice "seis meses es poco", pero fueron muy intensos. Yo venía de un ambiente de trabajo complejo y lo que más me sorprendió de Andrea fue que nunca se enojaba. Realmente, en estos años de trabajo puedo contar con los dedos de una mano las veces que la vi enojada.

Transcurrieron seis meses y llegaba el momento de pasar al otro puesto. Pero llegó el ofrecimiento de Andrea de seguir trabajando con ella, con sus temas personales y sus sociedades, y obvio que ni se me ocurrió decir que no. En ese momento existían Ampatel, Resiliencia y estaba naciendo FLOR. Hoy, a esas tres sociedades se sumaron Diversidad, Edinfe y WTT.

Viajé mucho con Andrea, dentro del país, a CABA principalmente. Teníamos reuniones una al lado de la otra, pero no en los mismos espacios físicos. Íbamos caminando, aunque había una diferencia: un paso de ella son tres míos, con lo cual ella caminaba y yo corría.

Andrea no se cansa y no almuerza, toma mate y mucha agua. Las primeras veces moría de hambre, después me llevaba alguna barra de cereal y, cuando entré más en confianza, le decía: "Andre, necesito comer". Nunca entendí cómo no le da hambre. Pero, ojo, tiene una debilidad: las cosas dulces.

Una vez fuimos a una charla en Bolívar donde Andrea hablaba de empresas de familia. Yo estaba atrás de los asistentes, vendiendo los libros de FLOR. Es que, al principio, hasta que FLOR se hizo conocida, anduvimos mucho con Andrea, vendiendo libros, llevando folletos. La invitaban a una charla y poníamos el *banner* en algún rinconcito. ¡Es increíble lo que creció FLOR! Bueno, en esa charla, una señora se me acerca y me dice: "¿Vos trabajás con Andrea? ¿Cómo es? ¿Qué se siente trabajar con ella?". ¡Sentí que trabajaba con una *rockstar*!

¿Cómo es Andrea? Andrea es una gran persona, generosa, ansiosa, pero paciente… Raro, ¿no? Ansiosa porque te pide las cosas para ayer, no acepta un no como respuesta. Pero a veces desarrolla su paciencia con cosas que hacen que uno diga "¡No sé cómo hace!".

Es conciliadora, prefiere hablar todo… Hay veces en que estás enojada por una situación y ella quiere hablar. Eso a veces hasta te enoja más… Al otro día te dice "Yo te noté calentita…". Y te hace reír.

Es celestina… Si te ve soltera, enseguida quiere conseguirte candidato. ¡Si me habrá hecho pasar calores! Venía alguien que ella consideraba un buen candidato y le preguntaba delante mío: "¿Vos estás soltero?". ¡Una vergüenza!

Es justa con sus hijos. Por eso escribió el protocolo, para dejar las cosas claras. A veces siento que el tema de ser justa con sus hijos es lo que más le preocupa. No quiere dejarles un problema, como dice ella, "por si fallezco".

¿Cómo es trabajar con ella? Te aseguro que no te aburrís. Siempre hay cosas por hacer. Quién no ha trabajado con ella no sé si lo entendería. Mi papá me dijo un día: "No sé por qué siempre estás a mil y nunca llegás… Si es llevar unos papeles…". Son muchas cosas las que se pueden hacer y son muchas las que hicimos. Todo lo que se hizo fue con mucho trabajo y esfuerzo.

Es aceptar que vas a trabajar todo el día sobre algo, lo vas a mirar mil veces hasta que lo ves perfecto y cuando ella lo agarra, lo mira dos segundos y te dice "Me parece que esto no está bien", lo cual me enoja muchísimo. Pero tiene razón, lo mirás y no está bien.

Si está en una reunión, no importa con quién esté, suena su teléfono y si es alguno de sus hijos, interrumpe y atiende. Su nieto, Bauti, provocó algo maravilloso. Ahora hasta deja su teléfono y computadora para estar con él. Eso nunca antes lo había visto, ni lo hubiera imaginado.

Escribiendo estas líneas, y sabiendo que quedan muchas anécdotas más para contar, veo todo el camino recorrido y los miles de roles que tuve en estos años y no puedo creer todo lo que hemos logrado. Cómo ha crecido la empresa y cómo han crecido sus hijos.

Ingresé siendo una secretaria (aunque gente allegada a mí me decía "vos no sos secretaria, sos contadora", pero no era ser una simple secretaria, lo puedo asegurar) para terminar hoy, luego del largo camino, siendo responsable de Ampatel S.A.

Aprender a jugar con las cartas que te tocan

POR **AGUSTINA TORCHIO GROBOCOPATEL**

Hija de Andrea

Desde chica, yo decía que nunca iba a trabajar con mis papás, porque no es fácil cuando se mezcla lo personal con lo laboral.

Llegó un momento en el que tuve que hacerlo, pero mamá no fue mi jefa directa, por lo cual no fue tan difícil llevarlo adelante, aunque muchas veces hubo charlas donde se mezclaban las cosas. A veces, hablábamos temas personales en la oficina, porque era el único momento del día en que podíamos juntarnos a hablar y, como soy sensible, no siempre la pasaba bien.

Andrea siempre nos enseñó a verle el lado positivo a las cosas, a pensar. Hablo en pasado porque actualmente me alejé un poco del día a día para dedicarme a otras cosas que tienen más que ver con mis intereses propios. Igualmente, sigo colaborando en algunas ocasiones, sobre todo en ciertos eventos, y porque me gusta participar de reuniones donde se cuentan las novedades tanto de FLOR, como de Ampatel y de Resiliencia SGR. ¡Aprendí mucho! Sigo aprendiendo. Me quedo y me quedaré con eso siempre, ya que Andrea nos enseñó a saber jugar con las cartas que nos tocan.

8

Por la ruta 5

Viajo mucho a Buenos Aires desde Casares, ida y vuelta.

Son 312 km entre los dos puntos que cuentan mi vida, la de mi familia. ¿Cuántas horas habré estado arriba del auto? Mejor ni pensar. Casi nunca manejo yo, porque no me gusta manejar. Prefiero aprovechar ese tiempo para otras cosas: conectarme, teléfono a full, agenda en movimiento e ir resolviendo mil temas que puedo poner al día, mientras veo de reojo cómo pasan los autos, los alambrados, las vacas… Hay sensaciones que se viven siempre de la misma manera. El auto se mueve, pero los sentidos engañan, porque parece que es el paisaje el que se desliza. A lo lejos, cuando hay sol, parece que el pavimento está mojado.

1912

Amanece el siglo XX. La ruta 5 todavía no era tal; quizás apenas un camino de tierra cercano a las vías del ferrocarril por donde vinieron mis antepasados a poco de llegar a Buenos Aires. Habían venido desde Rusia y Europa del Este. Primero a Buenos Aires y luego a Carlos Casares, con la motivación y la esperanza de poder construir su futuro aquí.

Su historia está hecha de páginas llenas de **sacrificios, esfuerzos y logros** que han dejado una marca perdurable en la comunidad, en la historia y en la economía local. Con las semillas de girasol en sus bolsillos, se dedicaron a la agricultura, la cría de ganado y otras actividades que aún persisten en la zona. Los judíos de estas colonias rurales eran conocidos como «los gauchos judíos», a raíz de un libro con ese título de Alberto Gerchunoff, que publicara en 1910 (y sobre el cual muchos años después, en 1974, Juan José Jusid haría un film que se iba a hacer famoso). Muchos de estos colonos judíos llegaron buscando un mejor futuro para sus familias y también escapando de los pogroms en sus países de origen. A pesar del antisemitismo de la época, se involucraron en la mayoría de los sectores de la sociedad argentina. En Carlos Casares aún se encuentra la sinagoga fundada por aquellos primeros colonos.

Algunas reflexiones a propósito del antisemitismo

Los gauchos judíos llegaron a la Argentina de la mano del barón Hirsch, que compró tierras para distribuirlas entre familias judías que quisieran venir a asentarse por aquí. Se pensaba en quienes tenían que dejar atrás sus casas y sus pueblos porque escapaban de los pogroms, que estallaron principalmente en Rusia (y también en otros países del este europeo) en las últimas dos décadas del siglo XIX y las primeras del XX.

Un pogrom es un acto de violencia indiscriminada y colectiva contra un grupo de personas por el solo hecho de pertenecer a una diversidad, o a un colectivo determinado. Es ejercido también colectivamente, y normalmente las autoridades del lugar donde sucede son inermes para detenerlo o cómplices de quienes lo ejecutan. Hoy le decimos "crímenes de odio". En los pogroms hay matanzas, mutilaciones, violencia, violaciones masivas y destrucción de propiedades y bienes. Los judíos las han sufrido desde tiempos inmemoriales y la historia ha dejado múltiples testimonios que no permiten dudarlo.

Cuando leo estos testimonios sobre las familias que huían de estos pogroms y venían a la Argentina buscando paz y un lugar donde trabajar con seguridad y en prosperidad, no puedo menos que pensar en que lo que sucedió el 7 de octubre de 2023 en Israel, en la zona fronteriza con Gaza, fue un pogrom. Las descripciones de otros episodios similares, tan alejados en el tiempo (como en la Edad Media, en la Edad Moderna, a principios del siglo pasado y ahora) y en el espacio (España, Polonia, Rusia, Alemania, Austria, Libia, Palestina, y sí, también Argentina durante la Semana Trágica, entre otros lugares) y a la vez tan similares en su *modus operandi* y en sus consecuencias me erizan la piel. No puede ser casualidad. No me gusta la victimización, y a la vez me resisto a no ver en estos hechos un patrón histórico de antisemitismo a distintas escalas.

Si en 1912 hubiera existido el estado de Israel, no sé si mis antepasados hubieran venido para este lado del Atlántico. El hecho de que, a lo largo de diez siglos, los judíos no nos sintiéramos seguros en ningún lugar del mundo hace lógico que la idea de un estado para nosotros sonara como una especie de Disneyland. Pero por entonces no existía tal estado y el barón Hirsch tuvo esa idea un poco adelantada a su época. Un lugar de seguridad y bienestar donde empezar de nuevo, sentirse queridos, integrados y respetados en sus creencias, ritos y costumbres, como cualquier persona de cualquier pueblo del mundo que viniera a habitar el suelo argentino.

2021

Era la primera vez que podía volver a la ruta 5 después de la cuarentena estricta. Con tantas restricciones, deslizarme por este camino que conozco tanto me parecía un lujo de lo más extravagante, casi un descubrimiento.

¿Seremos conscientes de la oportunidad que tuvimos? Esa sensación de haber recuperado algo que no sabíamos hasta qué punto era parte central de nuestra vida, ese vértigo que vivimos en algún momento y que nos hizo temer que a lo mejor nada volvía a ser como era.

Recuerdo la soledad de la ruta… Los **barbijos** en los pocos conductores que cruzábamos, los controles, los permisos… Y el silencio.

Con los ojos más abiertos, ya no miraba de reojo este camino. Observaba el sol caer en el horizonte, apreciaba los colores de los campos. Me atrapaban los verdes y los amarillos, y cómo se iba transformando el paisaje a medida que el sol se escondía.

El estado de ánimo que compartía con todas las personas con las que hablaba en aquel extraño y triste 2020, era contradictorio. Nos sentíamos navegando en las aguas de la más absoluta **vulnerabilidad.** Estábamos en contacto todos al mismo tiempo con la posibilidad concreta de nuestra muerte y la de nuestros seres queridos.

Multiplicábamos casi obsesivamente los gestos que nos aseguraban la ilusión de que podíamos controlar algo. Ensayábamos soluciones. Cada día aparecía alguna posibilidad y cada día llegaban noticias alarmantes. Al final, nos dábamos cuenta de que no teníamos control de nada, y eso era lo más aterrador de todo.

En medio de todo ese marasmo de incertidumbre, hubo una luz: la esperanza que tuvimos muchos de que algo iba a cambiar para mejor en el mundo. Habíamos recuperado cosas que creíamos perdidas: el vivir menos apurados, más tiempo para compartir con quienes convivíamos, juegos de mesa con los hijos, largas sobremesas, conversaciones sin apuro por teléfono o por Zoom, solidaridad con el vecino de piso al que antes ni conocíamos, tiempo para aprender cosas y también para enseñar, creatividad para inventar nuevos modelos de negocios, la sorpresa de descubrir el teletrabajo todos al mismo tiempo, **la satisfacción de saber que se podía vivir sin consumir cosas innecesarias y el aprendizaje de que el tiempo podía tener otra velocidad, y otro valor.**

Lamentablemente, unos años después, nos des-ilusionamos. Nos despertamos con guerras y atentados en distintas partes del mundo, polarizados, divididos como nunca, con nuevas grietas y nuevos desencuentros. La desilusión fue mayor cuanto más grande había sido la esperanza.

Esa especie de paz que daba estar en casa es la que ahora nos hace tanta falta.

2023

Un sábado consigo hacerme una escapada a Casares. Es un fin de semana como tantos otros, pero decido vivir este con más conciencia, casi en un estado de mindfulness.

Recorro la ruta que separa Casares de Buenos Aires con ojos de niña. Miro todo con curiosidad. Hago una parada en el camino para tomar un café en una estación de servicio. Todo es vida y movimiento. Autos que llegan, otros que se van. Proveedores que dejan la mercadería, los playeros que atienden los surtidores, de lo más ajetreados para no hacer esperar a los clientes.

Ver gente tan ocupada, yendo y viniendo, me carga de energía. Personas apuradas y otras que no. Un grupo de chicos toma mate en una mesa afuera. Varios termos y varios mates. Nuevos y viejos hábitos. Conversan, se ríen. Se suman otros. Muchas sonrisas y abrazos, que por suerte sustituyeron los saludos con el puño de hace un par de años.

En una mesa cercana, una mujer hace un Zoom desde su *notebook*. Está tan concentrada que no parece notar el trajín de personas que pasan a su lado cargando bandejas. Un poco más lejos, una familia se levanta para irse. Son cuatro: una pareja y dos chiquitos, varón y mujer, que deben tener 8 y 6 años respectivamente. Ellos dos separan cuidadosamente los residuos y buscan los cestos correspondientes con mucha precisión. Un pequeño gesto que me devuelve a mi estado de ánimo naturalmente optimista.

Llego a Casares. Estar allá me hace recordar y valorar **cuánto rinde el tiempo en el interior.** La agenda se llena de actividades, pero las distancias son cortas y te permiten la ilusión de que tu tiempo se duplica.

El día siguiente es domingo, y con mucha pena asisto al entierro de Vivi, de 52 años, muy apreciada por mí y mi familia. ¡Qué tristeza! Ella era de esas mujeres que valoro mucho: familiera, podría decir casi sostén de la familia, comprometida, generosa. En el pueblo nos conocemos todos. Ella solía acompañar a mi suegra. Siempre estaba disponible si alguien la llamaba. Era una **líder responsable.**

Acompaño a la familia. No puedo evitar pensar en la muerte, y me dejo invadir por una emoción de gran tristeza, pensando en ella, en todos los que la vamos a extrañar y en mí misma. En Occidente no solemos tener una relación natural con la muerte. La vivimos como algo ajeno, algo que no nos va a pasar a nosotros. También como un tabú. Como dos lados de una misma moneda, amigarse con la propia finitud implica también hacerse cargo de la importancia de cada segundo, no para estresarse y enloquecerse sino simplemente para estar presentes en cada momento de valor infinito.

Regresamos a casa, y a pesar de todo este torbellino emocional, o quizá por eso, decido mantener mi clase de inglés de los domingos con mi profesora que vive en Inglaterra. Es un tema del que debo ocuparme porque, si bien el interior tiene muchas cosas positivas, en mi infancia no se prestaba mucha atención a los idiomas, y hoy de adulta estudio para reducir esa brecha. Luego me doy permiso para un rato de relax. Lo necesitaba. Tomo un rato de sol con mi hija Pauli y su amiga Juli, que ese domingo cumplía años. Está desde que era chiquita tan presenten entre nosotros, que la llamo "la quinta hija". Por suerte, los otros cuatro no se enojan.

En Casares vivo de una manera más tranquila. También duermo mejor. Trato de dormir siempre 8 horas porque digo que si no lo hago me levanto con más arrugas en la cara. Mi estado de ánimo se ve condicionado por el **ritmo de vida.** Pareciera que me conecto más con lo familiar, con la amistad, con la comida casera, con el ritmo más *slow*. Paso un rato a tomar mate con mis viejos para ver cómo están y conversar.

Por la noche, como todos los domingos, hay noche de pizza.

El lunes me doy tiempo para pedir ayuda para pensar qué me voy a poner en el casamiento que tengo pronto. Después, resuelvo con Carmen detalles de la limpieza, la ropa, el aire acondicionado que no funciona. Me hacen un reportaje sobre el futuro de la economía. Luego voy a una reunión de la Sociedad Israelita, y después me ocupo de ver unos cuantos temas del campo: la seca, los toros que hay que vender, los caballos que comen como tres vacas… Hago mi caminata de día junto con mis amigas. Y antes de terminar mi día viajando a Buenos Aires, me reúno con las contadoras por los balances de la empresa.

¿Por qué cuento todo esto? Porque me sorprendo incluso yo misma de todo lo que se mezcla en un fin de semana: el descanso, los amigos, el autocuidado, el compartir, el llorar, el abrazar.

La vida está mucho más integrada, y el ritmo es más humano, que en las grandes ciudades. Sin embargo, Buenos Aires me ofrece también muchas cosas que valoro. Soy una privilegiada que puedo tener lo mejor de esos dos mundos, y la ruta 5 es el **puente** que los conecta. Une la tranquilidad y el bienestar del interior con los desafíos y estímulos de la ciudad, y ese rato de espacio en la ruta entre esos dos universos es como un limbo que me permite adaptar mi velocidad y mis ritmos entre ambos.

¿Cómo es el lugar donde naciste? ¿Con qué conectas cuando estás allí?

Sincronicidades

Por **Virginia Genovesi**

Coach y Consultor en Transformación Digital
Miembro del Consejo Asesor de Fundación FLOR

Conocí a Andrea hace 11 años, en un período de mi vida en el que estaba "habitando el vacío" entre mi expatriación reciente en Dubai y mi proyecto de vida en Argentina con el sueño de construir mi casa de campo y a su vez crecer profesionalmente y formar una familia.

Andrea había dado una charla en la empresa donde yo estaba, y sentí muchas sincronicidades con ella ya que combinaba su mundo laboral en Los Grobo y su vida en Casares y el campo. Como decía ella, vivía en la ruta 5.

Pedí a Voces Vitales que me asignaran a Andrea como mentora de un programa muy interesante, y ella estaba justo creando FLOR.

Desde ese día compartimos la pasión de co-crear en FLOR ideas para el empoderamiento de la mujer y liderazgos responsables.

En mi carrera profesional logré crecer bastante rápido hasta ocupar un puesto de dirección en la empresa más grande de mi país, y tuve la valentía de a mis 40 años renunciar sin pedir indemnización, para saltar hacia la vida independiente. He tenido y tengo el placer de ser coach de las hijas de Andrea, y verlas empoderarse, y a su vez aprender con ellas sobre el mundo del agro, tecnologías, procesos innovadores, ¡poniéndole pasión y conectándome con el campo que me renueva la energía!

Diez años después de haber conocido a Andrea, vivo bastante en la ruta acompañando a Christian, mi marido, en su empresa ganadera, combinando mi trabajo como consultor en TD y coach. Y Christian hace unos años que es socio protector y colabora con Andrea en Resiliencia.

¡Hoy siento gratitud por compartir tantas partes de mi vida con Andrea!

9

Meat & Women

"¡Andrea, queremos que más mujeres exporten!".

Escucho a menudo comentarios como ese. Disparan mis ideas, ideas que luego tengo que transformar en acciones, porque, de lo contrario, no existen. A veces pienso debo escuchar menos para no hacer tanto.

"Dejame que exporte y después les digo cómo hacemos. Yo aprendo haciendo".

Así contestaba yo.

Ese intercambio tuvo lugar hace un tiempo, en el Ministerio de Agricultura. Era una reunión de muchas mujeres. ¿Qué podía exportar yo, que ahora era una simple productora agrícola ganadera?

Me puse a pensar… ¡Carne!

Pero lo que producía era poco, no era para armarlo sola…

El planteo me gustó: era un desafío de los que me gustan y llegaba en el momento justo.

¿Qué tal si armábamos un grupo de mujeres exportadoras de carne?

Mujeres en un ámbito históricamente masculino y muy argentino —porque la actividad ganadera está absolutamente entrelazada con el origen de nuestro país y tiene mucho que ver con nuestra cultura y nuestra historia— era una posibilidad que me resultaba muy estimulante.

Qué lindo seria poder contar la historia de seis empresas lideradas por mujeres, exportando carne producida por estas empresas para el mundo.

Era todo un reto. Me junté con seis mujeres dueñas de campos ganaderos y les presenté la idea. El entusiasmo fue general, no solo por el potencial económico, sino por **el enorme cambio cultural** que implicaba.

Así que empezamos a pensar. Éramos unas cuantas: Margarita Melo, Gilberte Beaux, Adela Nores, Silvia Taurozzi, Miriam Prieto, Cynthia Werthein y yo.

Ganadería y exportación, un desafío enorme. La idea me encantaba. Pusimos manos a la obra enseguida. Empezamos a tener entrevistas con expertos en el tema para ver cómo organizarnos. Nos postulamos en la agencia de exportación, para que nos asesoraran y nos sugirieran a algún gerente comercial, entre otras cosas. Sin embargo, nunca salimos seleccionadas quizás porque no teníamos facturación, ni historia de exportación. Un argumento complejo.

Necesito repensar las cosas, agregar valor, idear algo original.

Pero decidimos hacerlo igual. Analizamos los pasos a seguir: armamos una sociedad anónima, contratamos a una persona y empezamos a seguir todas las etapas necesarias.

En los primeros meses de 2020, yo había ido a Davos y después a Arabia Saudita para el W20. Cada vez que viajo, aviso a la embajada argentina del país al que llego, porque me gusta saludar, conocer a la gente, ampliar mi red, Así que le dije al embajador en Arabia Saudita que quería hacer contactos para exportar carne. Fue excelente. El embajador armó reuniones muy buenas. A la gente le encantó la idea de comprarle a empresas lideradas por mujeres. Teníamos el mercado abierto, pero llegó la pandemia y no pudimos exportar. Ya teníamos todo formalizado, casi listo y, de un día para otro, **el mundo se detuvo.**

Eso nos desanimó. Llamé a un amigo que conoce mucho de carnes, para ver si podía orientarnos. Lo primero que me dijo fue: "A mí no me vengan con esos nichos de mujeres. Acá hay que hacer carne y exportar carne. Punto". Yo pensaba que tenía que explicarle por qué convergencia de razones resultaba muy difícil para las mujeres concretar negocios en casi cualquier espacio. El de los negocios era y sigue siendo, un espacio histórica y culturalmente condicionado y colonizado por los colegas masculinos, pero no porque ninguno de ellos individualmente se lo hubiera propuesto. Esto suele ser lo más complicado de explicar: cómo sucede un resultado en un sistema con independencia de la voluntad de alguna de las partes que se ven beneficiadas por ese resultado. Insisto con que soy una mujer de acción, así que en vez de enroscarme en un debate sobre el género, preferí hacer foco en que nuestro objetivo —más allá de ser mujeres— era mejorar la cadena de valor de la carne en la Argentina, donde todavía se vende media res en frigoríficos y carnicerías. Y, por otro lado, ver si podíamos obtener más beneficios económicos.

Y mi amigo analizó, nos asesoró y se entusiasmó. Él asesoraba a un frigorífico importante de capitales brasileños y dijo que le parecía una buena idea proponerles a sus clientes un *joint venture* con un grupo de mujeres exportadoras de carne.

A mí, más que la carne me interesa lo que hay detrás de nuestro emprendimiento. El hecho de ser **mujeres intentando hacer historia** en un rubro dominado desde siempre por los hombres. El problema es que entre las productoras y la venta está el frigorífico, que es el que se queda con la mayor parte de las ganancias. Ese es un dilema básico de la Argentina: el aumento de precios no tiene que ver con el productor sino con lo que hay en el medio, los costos de transacción.

Entonces, en la reunión con las otras productoras, planteé hacer un frigorífico. Se rieron a carcajadas. Gilberte, mi amiga francesa de más de noventa años, me dijo: "Conmigo no cuentes. Ya tuve un frigorífico y no voy a volver a eso". Así que descartamos esa idea.

Pero este emprendimiento va a seguir, porque es una clara muestra de lo que pasa con las mujeres en el ámbito empresario. Te ponen trabas porque no tenés historia, pero es muy difícil hacer esa historia, es muy difícil empezar. Esto pasa con las mujeres en los directorios y pasa en cualquier actividad en la que te quieras insertar. **Así que hay que "polinizar" ese mundo.** Si logramos vender algo, vamos a dejar una **huella femenina** en la historia de la industria ganadera en la Argentina.

Conformamos este grupo de mujeres que quieren exportar carne porque creemos que podemos hacer buenos negocios y también abrir nuevos caminos. A partir de iniciativas como esta, bien planificadas, con mucho trabajo y también con audacia, se van generando cambios de ida y vuelta.

Sería parte de nuestro aporte que ingresen más dólares, que es otra de las cosas que necesita nuestro país.

Claro que hay que **batallar mucho,** porque las trabas en este rubro son difíciles de superar. Meat & Women espera su momento, ya llegará.

Cerrando el libro con un nuevo gobierno en Argentina, con ideas que son extremadamente liberales, es dable pensar que se abrirán mercados. Veremos si el tiempo nos da la razón. Quizás en el próximo libro les pueda contar si exportamos y si logramos hacer funcionar esta idea.

¡No nos vamos a dar por vencidas!

Una amiga fiel

POR **GILBERTE BEAUX**

¡Que felicidad tengo al ver que Andrea ha decidido escribir un segundo libro sobre su trayectoria tan excepcional! Es cierto que no es fácil para una mujer superar todo tipo de obstáculos para lograr tener su lugar bajo el sol.

Por esto mismo, tener un lugar bajo el sol siendo mujer, es que, desde 1946, me he esforzado. Siendo muy joven, comencé a trabajar. El fin de la guerra, la consecuente falta de hombres, los estudios que realicé a la noche luego de terminar mi día de trabajo y el apoyo de mis superiores me permitieron ascender rápidamente y, en pocos años, encontrarme a la cabeza, dirigiendo el banco en el cual había ingresado como taquidactilógrafa. Por aquellos años conocí a Jimmy Goldsmith, con quien en el transcurso del tiempo construimos un grupo empresarial diversificado, con foco en el sector agro-alimentario, que cotizó en la bolsa de París.

Mis funciones y desempeño en el grupo empresarial hicieron que Francia me nombrara miembro del Consejo Económico y Social. Desde ese lugar realicé numerosos viajes a Japón que permitieron mejorar las relaciones entre ambos países.

"La banquera", como me llamaban en ese entonces, también se convirtió en responsable de las exportaciones hacia América del Sur de Simca, sociedad del grupo Fiat. Luego fui directora general de Adidas, la sociedad alemana bien conocida en el mercado de indumentaria deportiva. Mientras tanto, seguía desempeñando mi función de directora general del banco del grupo Simca/Fiat. Fue entonces que visité y conocí muchos países de América del Sur, en particular Argentina, donde disfruté al instalarme en nombre de mi grupo y luego de mí misma como presidenta de un grupo de estancias de cría y engorde en Corrientes y en la provincia de Buenos Aires.

Entre otras actividades, mi grupo había comprado una pequeña sociedad petrolera en Guatemala, Basic Petroleum, que cotizaba en la bolsa de New York. Me convertí en su presidenta-directora general. Esta empresa es prácticamente la única en haber encontrado petróleo en Guatemala y haberlo extraído. Luego de sesenta años de explotación, los pozos siguen funcionando.

Escribí un libro sobre mi vida, *Une femme libre*, traducido al español con el título de *Una mujer libre*, que se encuentra en las librerías de Argentina.

La consideración y la amistad que le tuve a Raymond Barre, quien fuera primer ministro de Francia y candidato a la presidencia de la República Francesa, hizo que integrara su equipo de campaña política y que fuera toda la vida una amiga fiel.

Siempre sumando

Por **Miriam Prieto**

Presidenta de Grupo Empresario Prieto

Embajadora emérita de FLOR

Conocí a Andrea un 3 de noviembre de 2014. La habíamos invitado a dar una charla para nuestro directorio, en la ciudad de Córdoba. Esperábamos saber más de su lado empresarial, y de sus aprendizajes en Los Grobo, que siendo una empresa familiar supo innovar en grande nada menos que en una industria como la agricultura. Había pactado sus honorarios aclarando que eran para FLOR, y así fue que nos contó qué hacía la Fundación, y cuáles eran sus sueños. Lo decía todo con una sonrisa, mucho entusiasmo y convencimiento. ¡Y me contagió su interés! Entonces comencé a seguir más de cerca del trabajo de FLOR. Primero cursé el programa "Mujeres en Decisión", el MED. Y fue hacerlo y después querer que todos los que están cerca lo hicieran. De verdad el entusiasmo de Andrea es contagioso. Pasaron por el MED familiares, asesoras, gerentas…

Es una felicidad enorme saber que este círculo virtuoso que ha logrado generar cada día se expande y crece. Me parece mágico lo que hacen: sembrar la excelencia en los dirigentes y nutrirse del valor humano que van despertando al hacerlo. Podría hablar horas de Fundación FLOR, pero estoy segura de que muchas de las personas que van a escribir en este libro encontrarán alguna manera mejor de describir este sendero —diría autopista, ¿o mejor ruta espacial?—, por la cual se desplaza la Fundación.

Mi segundo descubrimiento al lado de Andrea fue Resiliencia: Me llama un mediodía y me invita a ser socia. Las SGR (sociedades de garantía recíproca) siempre habían sido un pendiente para mí. Los casos de éxito que conocía y me habían gustado estaban en España. Es un ganar-ganar por cualquier lado que se lo mire. Así que, por supuesto, acepté. Aprendí un montón (la generosidad de Andrea es un sello), y espero también haber aportado valor.

El tercer descubrimiento fue el programa "Cosas de Mujeres" (CDM), que al principio se desarrollaba a lo largo de la ruta 5, con emprendedoras ávidas de ampliar sus conocimientos, de conocer las experiencias de otras (siempre, nos parecemos), encontrando contención e información. Fue una experiencia de las más gratificantes y lo logramos hacer en Moreno.

El 27 de febrero de 2019, en la Asamblea anual de FLOR, tuvimos el siguiente diálogo:

—¿Vos tenés animales en tu campo?

—Sí, tengo algunos.

—¿Y sos propietaria?

—Sí, ¿por?

—Estoy armando un grupo de mujeres propietarias de campos (algunas amigas y otras no tan cercanas) y queremos juntarnos, ya que el mundo está demandando una proporción de proveedoras mujeres por cupos.

Y así nació Meat & Women. La primera reunión fue en la casa de una de nuestras socias.

Hasta que le dimos forma a esta realidad pasaron meses, tratando de entender cuál era la mejor forma de relacionarnos para salir a mundo con nuestros animales y nuestra marca.

¡Me encantaría que el tercer libro de Andrea sea solo de este sueño!

10

Notas al paso

Pleno invierno en Buenos Aires. Es sábado. Me quedé el fin de semana en la ciudad, porque tuve un compromiso el viernes a la noche.

Me levanto temprano. Es una mañana helada, pero con sol a pleno. Ideal para una caminata larga y a buen paso.

Zapatillas, botella de agua, el celular (¡por supuesto!), ropa cómoda, y a caminar.

Salgo por Alem y tomo Libertador. Decido caminar en línea recta, para no tener que pensar el itinerario. Alisto el grabador en el teléfono para ir grabando mis notas.

Pienso en Meat & Women, en la sucesión de tropiezos que hacen todo tan difícil. Pero rescato el proyecto, porque **se aprende mucho de las complicaciones.** Es verdad que no es sencillo lidiar con la frustración, pero me gusta recordar cómo se gestó la idea, cuánta creatividad y energía en ese equipo que formamos. Es fabuloso emprender, darle forma a una posibilidad, planificar, organizar. Y es importante aprender a darle tiempo a las cosas. Si el contexto es adverso, habrá que esperar un escenario más propicio.

Camino a paso bastante rápido. El testimonio de Gilberte todavía resuena en mí. ¡Qué mujer inspiradora!

Su recorrido es muy impresionante, llegó a lo más alto a fuerza de talento y esfuerzo. Y no para.

Ese es el camino, no hay duda.

Inmediatamente pienso en las chicas con las que trabajo en las distintas compañías. Todas jóvenes, talentosas, llenas de ideas y entusiasmo. Incluyo allí a mis hijas Delfina, Paulina, que dejan todo "en la cancha", como todo el equipo, y se esfuerzan para demostrar que están porque se lo ganaron, eligen estar ahí. Admiro más y más a Agustina porque se desafió a sí misma, se corrió de mis organizaciones para hacer su propio camino, se liberó de la presión que ella misma se generaba queriendo estar en un lugar que no le encantaba, queriéndose sacar la mirada mía que la apabullaba.

Tomo notas para el libro. Decido que el capítulo de FLOR va a ser uno de los últimos, porque es el corazón de todas las transformaciones. Fundación Liderazgos y Organizaciones Responsables. Es la usina de las ideas, un espacio para pensar el trabajo, los liderazgos, el rol de las mujeres. Y es por donde, junto con Resiliencia, la SGR, **quiero aportar para transformar el país, el mundo.**

Apago el grabador. Respiro hondo y disfruto de los rayos del sol que ya son más fuertes. Mejor tomo notas mentales. Llego hasta el Ecoparque doy la vuelta. Hora de regresar a casa.

Sigo caminando, pensativa.

Un matrimonio de más de 30 años
No es fácil, pero es posible.

Cualquier vínculo que queramos cuidar y hacer crecer requiere amor, respeto, compromiso, confianza, empatía y diálogo. Pero más aún cuando hablamos de la persona que elegimos para compartir la vida.

Siempre existirán momentos de enojo, desencuentros, diferencias. Pero, reflexión de por medio, son esos los momentos que ayudan a evolucionar, madurar, aprender, y crecer. Walter es mi marido desde hace más de 30 años. Juntos disfrutamos, nos acompañamos, nos desafiamos y nos potenciamos mutuamente.

Para ilustrar cómo se dio todo esto —que así parece tan fácil, pero que es tan difícil cuando lo atravesamos—, me permitiré compartir con ustedes algunas historias.

Aún recuerdo el sabor amargo que tuve cuando empezó a trabajar en política. Nos tuvimos que reacomodar, él ya no estaba tan presente en casa como siempre había estado, andaba muchísimo por los pueblos del interior. Era lógico, tenían que conocerlo, tenía que generar un vínculo de confianza que solo daba la presencia, y yo tuve que entender que me tocaba estar más en casa, más con los chicos, sola frente a tareas que antes compartíamos. Esta situación, lejos de mermar, se acrecentó cuando resultó electo intendente. Ahí sentí que había perdido a mi marido. Y por el lado de él, tanta fue su preocupación por proteger a su familia de la esfera política que yo llegué a sentir que nos alejaba. Por primera vez me di cuenta de que necesitaba la ayuda profesional de un terapeuta, no podía controlar esta sensación de extrañeza.

Fiel a mi espíritu, trataba de intercambiar ideas con algunas parejas de su gabinete o de alguien que había estado en política y les preguntaba para entender si les pasaba lo mismo, para compartir preocupaciones y temores. **A todas las personas nos unía la preocupación por nuestras familias, porque es muy difícil sostenerla siendo objeto de la mirada pública, y sobre todo acompañar a nuestras hijas e hijos cuando llegan las críticas.** Nos unía el deseo de que a nuestras parejas les fuera bien y pudieran alcanzar su propósito de contribuir al bien común, pero sin olvidarse de quienes compartían la vida con ellos. La gente recurría a nosotras para transmitir las sugerencias, reclamos o preguntas. No teníamos herramientas para ello, aunque la necesidad de ayudar era imperante.

Empecé a hacer sola, con amigas o con mis hijos, planes que antes hacía con él, bien porque ya no tenía tiempo, o porque la política también estaba hecha de gestos. El sacrificio era inmenso. Eran desafíos que nos ponían a prueba, decisiones que fueron necesarias tomar durante su gestión impactaron en la vida cotidiana de nuestra familia. Pauli, quien estaba en plena adolescencia, decidió irse a vivir por unos meses a una casa de familia, en otro país, Nueva Zelanda. La excusa era ir para practicar inglés pero fue la forma que encontró de **escapar de la mirada juzgadora** de las personas de su edad, de la tensión que sufría entre entender a su padre y sus deseos de divertirse. La familia se desordenó un poco. Fue una gran experiencia, no sé si aprendió demasiado inglés, pero sí estoy segura de que disfrutó de esa experiencia, y que la ayudó en su crecimiento personal. "No hay mal que por bien no venga" es una frase que me recuerda esto.

Los objetivos de Walter para su gestión eran claros y concretos: quería igualar las oportunidades para toda la comunidad en educación, en salud y en vivienda. No voy a contar mucho de esto porque él es muy reservado y humilde.

Diez años pasamos en este mundo tan particular, siempre cuidándonos, con mucha responsabilidad hacia quienes lo habían votado y hacia quienes no. Hasta que un día él tomó la decisión de dejar la gestión para pasar al mundo legislativo. Mientras se imprime este libro Walter es senador provincial.

Hoy, a la distancia, puedo ver cómo aquellos sacrificios se transformaron en anécdotas y aprendizajes. Tengo profunda admiración por este escribano que, siendo único hijo y teniéndolo todo desde chico, tuvo espíritu emprendedor, vendió su auto para comprar un camión, trabajó en una planta de silos, se asoció con su primo para llevar adelante una empresa y finalmente decidió hacer lugar a su pasión por la política.

Cuánto crecimos durante estos años, en todo sentido: como personas, como pareja, como familia. Aprendimos a acompañarnos, a dejar espacio para que el otro crezca, a cuidarnos. Mentiría si no dijera que también nos ayudó el entorno: madres, padres, hermanos, Jorge, amigas, Carmen, Marilú (que son las personas que trabajan en casa). **Toda una gran red que nos sostuvo en momentos difíciles, que nos alivió las preocupaciones con ideas, sugerencias, que disfrutaba y potenciaba nuestras alegrías y realizaciones.**

Cuando pienso todo lo que le pedimos a la persona que nos va a acompañar en la vida, me parece mentira que haya encontrado a alguien así y que hayamos sostenido la pareja durante tanto tiempo. Encontrar a **quien disfrute tus éxitos,** que no te coarte la libertad, que te complemente y que te potencie, que sea "el viento bajo tus alas" no es tarea fácil. Pero además, ¡le tiene que pasar lo mismo a la otra persona con vos!

Me siento afortunada porque Walter me eligió, y yo me enamoré de él, tan diferente a mí en tantas cosas y a la vez tan coincidente en las importantes. Es increíble lo opuestos que somos: él es más reservado, le cuesta más preguntar o pedir ayuda. Habla poco (salvo cuando da discursos políticos: se ve que es una habilidad que aprendió de grande). Sabe estar solo, disfruta la lectura, es más reflexivo. Yo soy de compartir todo, de hablar, de involucrarme aún a riesgo de invadir ámbitos ajenos o de quedar como metida.

"Es como es", dice mi papá. Es otro, es diferente. Hay quienes prefieren la soledad y el silencio, quienes no se sienten a gusto hablando de sus emociones. Yo, en cambio, me siento más feliz en el ruido, en la comunicación, en compartir emociones. Voy con alegría a cuanto evento social haya: si hay gente, ahí me gusta estar. Si a Walter le cuesta pedir, a mí me cuesta decir que no. Pero estoy aprendiendo, así como a elegir dónde de verdad quiero estar, dónde aporta que esté, y dónde no.

Para cerrar esta reflexión, creo que con Walter tuvimos momentos complejos, hubo reclamos. Siempre fueron muy importantes para mí sus puntos de vista. Mi necesidad de hablar, de compartir, de saber todo, interrumpiendo silencios y espacios reflexivos del otro, complica muchas veces.

Se necesita inteligencia para vivir en pareja, pero por suerte se puede desarrollar y aprender. Con diálogo franco, sincero, sin atacar y sin defenderse. Entendiendo que cada uno hace lo que puede. Que hay que poder pedir lo que necesitamos y que ese pedido tiene que habilitar a su vez que el otro te pueda decir que no.

Agradezco hoy y siempre a Walter por nuestras tres hijas y por nuestro hijo, con quienes tanto aprendo, con quienes tanto disfruto y quienes tanto me conmueven. Agradezco que sea mi mejor complemento, agradezco su mirada, agradezco su tranquilidad, **agradezco la paz de seguir juntos.**

11

Nuevas masculinidades

El ser humano tiende, por naturaleza, a categorizar y clasificar. Y como consecuencia de ello, a etiquetar. Pero con el tiempo, esas simplificaciones se han hecho cada vez más extremas llevando a dicotomías paradojales.

En lo que respecta al género, la dicotomía femenino/masculino ha generado grandes polarizaciones en cuanto a los atributos socialmente esperados para cada uno de ellos. Esto produjo que cada uno de estos polos tenga características diametralmente opuestas, construyendo expectativas sociales rígidas y exigentes.

"Lo masculino" se asocia a la objetividad, la racionalidad, el pensamiento abstracto, la preponderancia de la mente y a los hechos fácticos, mientras que "lo femenino" se suele relacionar con lo subjetivo, la emocionalidad, el pensamiento concreto, el cuerpo como atributo principal y los valores.

Estas generalizaciones infundadas generan **estereotipos que muchas veces sesgan nuestra forma de ver a las demás personas y sus capacidades en función del género al que pertenecen.** Pero también afectan la forma en que actuamos, condicionando muchas veces nuestro comportamiento a lo esperable para nuestro género. Estos sesgos son como gafas de sol difíciles de quitar, porque ni siquiera sabemos que están ahí (por eso hace tiempo tenía la idea de hacer unas gafas de color violeta que simbolicen una nueva mirada, una nueva perspectiva, y las usé para regalar al jurado de Premios FLOR 2023).

Ha habido en las últimas décadas un cambio de paradigma o, al menos, un cuestionamiento a la idea de una definición y expresión única y universal de lo que significa ser hombre. Durante mucho tiempo, los hombres no fueron objeto de estudio ni reflexión, ya que se les consideraba un hecho objetivo, una verdad incuestionable desde la cual se escribía y analizaba el mundo.

El surgimiento del feminismo, junto con la creciente demanda de revisar el contrato social entre los géneros y abordar la desigual distribución de poder, ha generado diversas reacciones. **Algunos hombres se sienten aliviados por la disminución de las expectativas impuestas sobre ellos** y dan la bienvenida a esta nueva concepción. Sin embargo, muchos otros adoptan una actitud defensiva y beligerante frente a la percepción de una pérdida de poder y una amenaza al status quo que conocen.

Otros hombres pueden entender y aceptar esta situación con mayor o menor convicción, pero se sienten confundidos acerca de cómo actuar, ya que temen que sus acciones (o inacciones) puedan ser juzgadas negativamente por personas más o menos feministas. Se encuentran en una posición incómoda y en un punto intermedio que solo puede resolverse a través de una educación más profunda en todos los géneros y fomentando el diálogo en lugar de recurrir a la cancelación como primera instancia, ya que nos encontramos en un proceso de transición.

Es crucial reconocer que **la construcción de nuevas masculinidades implica desafiar y superar las expectativas tradicionales de género, y esto requiere un esfuerzo colectivo** que fomente el entendimiento mutuo y el respeto entre todas las personas. Al profundizar en la educación sobre género y promover el diálogo constructivo, podemos avanzar hacia una sociedad más igualitaria y justa para todos.

En este capítulo cedo la palabra. Mejor que esté a cargo de tres hombres decididos a repensarse todo el tiempo. Carlos, Federico y Fabián honran estas páginas con su aporte lúcido y siempre tan valioso. Así que hago esta especie de prólogo solo para anunciarlos y agradecerles estas reflexiones que nos **interpelan** a hombres y mujeres por igual. Es refrescante y positivo que los hombres tomen la palabra para hablar de estos temas.

Les cuento por qué los elegí.

A Carlos Rozen, porque es profesor MED desde antes que se fundara FLOR. Viene acompañando, enseñando desde hace mucho y tiene una mirada muy linda y profunda sobre el humanismo y la ética. Eso es algo que también compartimos.

A Fabián Cianciolo, porque es un par de su mujer y referente en temas de género en su organización. Gran padre de Fede y esposo de Marce, los tres forman una familia que admiro. Me gusta cómo funciona y cómo cada uno le da espacio al otro para que se desarrolle.

A Federico Regules, que está casado con Nati Hugues, porque fue voluntario para armar y rediscutir un programa de hombres para la Fundación. Siempre me encantó su mirada y valoro mucho sus opiniones.

Los conozco, sé cómo piensan y, sobre todo, cómo actúan. Esa concordancia entre la palabra y los actos es otra de las razones que me llevaron a elegirlos.

¿Llegó el tiempo de imaginar otras maneras de ser hombres?

Por Carlos Rozen

El género es una categoría de análisis que se refiere a la construcción de la diferencia sexual. Remite, por lo tanto, a aspectos de carácter social y cultural. Pero, en lo personal, estoy convencido de que esta categorización se refiere, más que a una distinción de sexo, a un reconocimiento de desigualdades entre mujeres y hombres.

¿Cómo es esto?

Es sencillo de comprender y es una discusión claramente puesta sobre la mesa desde hace mucho tiempo, pero nunca como en los últimos años: se trata de la construcción de las identidades de hombres y mujeres a partir de la asignación de una serie de características, roles y responsabilidades asignados por el hecho de ser mujer o varón.

En este sentido, la teoría del género se contrapone a las teorías del tipo "naturalistas" o "biologicistas", que sostienen que las diferencias de los comportamientos y roles de mujeres y hombres radican en el hecho de nacer en un cuerpo u otro, más que en sus voluntades, deseos, aspiraciones y sentimientos.

Esto se le parece más a la teoría de la predestinación que a la del libre albedrío. Discusión algo anacrónica desde ciertos puntos de vista, pero al parecer recurrentemente necesaria.

Entonces, nos plantearemos tres preguntas que no tengo la menor duda de que a las generaciones venideras les costará creer que, al menos hoy, sean temas de discusión:

¿Podemos seguir conviviendo con el paradigma simplista de que basta con nacer mujer o varón para endosar a mujeres y hombres una serie de atributos comportamentales que deben considerarse como correctos o adecuados?

¿Podemos admitir que además se conciba al varón y a la mujer como seres de diferente jerarquía?

¿Resulta válido que algunos consideren a hombres y mujeres como opuestos?

Sí, Juan o María, ustedes que leen esto dentro de veinte años, en esta época aún se hablaba de "sexo opuesto".

Quien intente responder estas preguntas desde un prisma psicológico deberá transitar inexorablemente por el terreno de los mandatos. Una palabra que todos hemos escuchado. Pero ¿qué son en realidad?

Los mandatos son aquellas sentencias que nos dijeron o escuchamos de pequeños y que asumimos como absolutas verdades, sin cuestionarlas o preguntarnos si existe la posibilidad de excepciones. Los hay "familiares" en particular, y "sociales" en general. Son vivenciados como mapas o modelos mentales.

Los mandatos familiares tienen la particularidad de que, por constituirse de aquellas creencias familiares que nos han transmitido nuestros progenitores, se incorporan a instrucciones para desenvolverse en la vida con la persistencia de una "marca de fuego". Tienen la forma de frases hechas, gestos, miradas o simplemente la forma de actuar. Está demostrado que de niños aprendemos copiando de nuestros máximos referentes. Lo hacemos sin mayores cuestionamientos; lo bueno y lo malo; somos emuladores, somos como esponjas.

Resulta tan llamativo como anacrónico que aún persistan **mandatos** particulares de género "para los hombres", habiéndose normalizado que el modelo hegemónico se refiera a características tipificadas tales como tener fortaleza de carácter y física, ser quienes proveen los ingresos en el hogar y consecuentemente los que mandan en dicho ámbito doméstico, ser quienes toman decisiones más relevantes en general, demostrar seguridad mediante actos violentos, rudos y agresivos (asumiendo que la fuerza representa un valor que estos mandatos asimilan a la jerarquía o poder) y, como si todo esto no fuera suficiente, tener una vida sexual activa con mujeres (lo que supone un valor especial por la heterosexualidad, en contra de otras elecciones, preferencias o deseos). Nótese que no estoy nombrando todos los mandatos de género, tan solo algunos representativos.

Deberíamos tomar conciencia que aún todo esto sigue muy vigente para muchísimas personas (y no solo hombres). ¿Leer todo esto junto en la actualidad no nos sacude la cabeza? ¿No debería alertarnos? ¿No debería ser un suficiente *call to action* para ser parte de una necesaria transformación?

Y, como hombre que está pensando y escribiendo, me interrogo y nos interrogo públicamente: ¿somos culpables los hombres de cargar con estos mandatos? Yo creo que no, aunque, de una u otra forma, debemos hacernos responsables por mantenerlos, y de nuestros actos. También respecto de qué mandatos transmitimos a nuestros hijos, alumnos, amigos.

Dicho de otra forma, si los mandatos modelan nuestros comportamientos, sin duda debemos hacernos cargo de lo que hacemos como consecuencia de estos. Y si hay algo que nos hace hombres es el deber de "ponernos los pantalones" y revisar nuestros mapas mentales.

Veamos algo muy sencillo. "Saliste igual a tu madre", le decía a su hija alguien a quien conozco bien. Es altamente probable que la frase poco feliz, en esencia, no tenga sustento. Pero más probable aún es que la reiteración de estos dichos produzca impactos relevantes en la forma de percibir la realidad de quien hereda infelizmente el comentario. Es una especie de trampa de vivir una vida que no eligió.

Entendamos entonces que, si como hombres deseamos ser realmente libres y explorar el mundo desde nuestra propia perspectiva, debemos asumir la compleja pero necesaria labor de cortar con estos mandatos en lugar de ser una especie de tristes marionetas que buscan la perfección que, se supone, imponen esos preconceptos. Perfección tremendamente imperfecta, ¿no es así?

Y sepamos que los mandatos familiares no terminan en las cuatro paredes de nuestros hogares. Lejos de ello, se trasladan al trabajo, en la búsqueda de nuestra pareja, en la relación que tengamos con él o ella, y, en general, en la forma de relacionarnos con otros/as.

Los mandatos se incorporan a nosotros, son parte de nuestra forma de percibir el mundo. Por eso es fundamental animarse a explorarlos, trabajarlos, desactivarlos, y crear nuestra propia realidad, desafiando lo preestablecido como base de lo que llamamos libertad. Debemos hacerles frente y explicar a estos mandatos "quién es dueño de quién".

Démonos la posibilidad de preguntarnos (y lo expreso en primera persona) ¿de dónde proceden mis ideas y pensamientos? ¿Por qué pienso que esto es así? ¿De dónde saqué que...? ¿Por qué tengo esta ideología? Resulta asombroso y sorprendente cómo advertiremos que muchas de nuestras ideas que nos han sido plantadas desde pequeños tienen menos asidero que el terraplanismo.

En otras palabras, se trata de ir por nuestros sueños (que es distinto a ir por los sueños de los demás), pero por el mejor camino para conseguirlos, sin desvíos, engaños ni trampas.

Recuerdo haber escuchado en reiteradas ocasiones, personas que hablan de equidad de género con manifestaciones del tipo "Estamos siendo testigos como sociedad de cambios...". Y cada vez que expresamos esto de ser testigos, sin darnos cuenta, corremos el riesgo de convalidar el hecho de "verla pasar", de ser espectadores, pasivos observadores (no quisiera decir cómplices, pero sí). ¿Y de qué estamos siendo testigos los hombres? ¿No nos damos cuenta de que somos la palanca que aliviaría un esfuerzo titánico cuando lo realizan solo mujeres? ¿Cómo podemos ayudar para que muchas décadas sean unos pocos años? ¿Las vamos a dejar solas en esto?

Sin duda podemos y debemos acompañar estos cambios, porque afectan no solo la vida cotidiana de las mujeres, sino también los modos habituales de ser y de sentirse hombres en nuestras sociedades. La forma de ser compañera/o.

He leído hace tiempo que el *corset* fue una prenda que se originó en Francia en el siglo XVIII y alcanzó su punto de mayor popularidad en el siglo XIX, época victoriana, cuando fue llevada a los extremos bajo la creencia de que, entre más apretado, más respetable era la mujer. Eso, por supuesto, conllevó grandes problemas físicos a las mujeres de la época. Era sabido que a muchas "damas respetables" les fallaba la respiración. Según cuenta Strevens, en su libro *Fashionably Fatal,* el *corset* era denominado *strait-laced*. La expresión, que podría traducirse como "mujer fuertemente amarrada", ha sido empleada durante le época victoriana como sinónimo de "mujer puritana" y quienes no portaban este incómodo atuendo eran tildadas de *loose women,* "mujeres fáciles".

El *corset,* que representó una trágica realidad, también implica una metáfora perfecta de cómo la sociedad ha quitado el aire a las mujeres. Debemos resarcir esto, regresárselo. Y hoy debemos admitir que las mujeres están abandonando el *corset* en todo sentido. Al quitárselo, "desnudan" la realidad de quienes están realmente encorsetados en sus empolvados mandatos. ¿Quién tiene el *corset*?

Entonces es tiempo de imaginar otras maneras de ser hombres. Porque es indudable que no se puede seguir postergando más la necesaria y virtuosa equidad de género, porque es importante para nuestras hijas, nuestras hermanas, nuestras compañeras de trabajo, nuestras parejas. Porque las mujeres lo necesitan, y más aún, lo merecen. Pero no nos confundamos, también los hombres nos merecemos relaciones más sanas, hijas, hermanas, compañeras y parejas que puedan elegir cómo vivir. Y cuando tengas alguna duda sobre esto, quisiera que estés seguro, sí, seguro, de que como hombres debemos luchar por la equidad de género. No debemos permitir que el necesario empoderamiento sea un ejercicio de autoayuda de mujeres alentando, motivando y empujando a otras mujeres. Eso es importantísimo, esencial y debe existir. Pero ahora necesitamos más: estar ahí, comprender qué es equidad y ayudar, solidaria y creativamente, a quitar las espinas de este camino.

En definitiva, cuando estas discusiones se complejizan mucho mezclando temas biológicos, filosóficos, religiosos, culturales, suelo sugerir que vayamos a las fuentes de la ética y del buen vivir. Resumamos todo esto en dos máximas que hallamos como parte del ser de toda persona de bien: "ponete en el lugar del otro" y "tratá al otro como te gustaría que te trataran". Quién sino el otro (la otra) confirma tu humanidad. Acompañala, ayudala, es decir, ayudate. Te necesita y la necesitás. Nos necesitamos.

Por Fabián Cianciolo

Reconozco que he cambiado mucho y, a lo largo de mi vida, mi concepción del rol de la mujer ha evolucionado.

Como muchos de mi generación, fui criado en un ambiente en donde el papel de la mujer era importante puertas adentro de casa, pero secundario, por decirlo de alguna manera, en el mundo exterior.

Mi madre y las madres de mis compañeros y amigos de colegio eran amas de casa.

Los trabajos iniciales de las mujeres más jóvenes eran actividades de segundo orden o se desempeñaban como secretarias, un carril de servicio del que luego era imposible salir. Las publicidades nos mostraban mujeres que cocinaban, limpiaban y lavaban, y hombres de traje exitosos que trabajaban en lujosas oficinas. Los pilotos eran hombres y las mujeres, azafatas.

Los modelos masculinos y femeninos eran bien estereotipados.

Pensemos que Mr Músculo se "deconstruyó" hace poco tiempo, algo menos de cuatro años.

¿Y yo? Metido en ese mundo, intuitivamente no pensaba como la mayoría de mis amigos y colegas, pero no lo tenía conceptualizado.

Cuando me casé, las tareas de la casa siempre fueron compartidas, la responsabilidad sobre nuestra economía hogareña, también, y el desarrollo profesional debía ser a la par y no uno por sobre el otro.

Afortunadamente, tuve una familia que me ayudó mucho a descorrer ese velo y luego a darle voz y nombre a esas cosas con las que no estaba de acuerdo.

También me ayudó mucho conocer de primera mano las vicisitudes que viven las mujeres por el simple hecho de serlo. En mi trabajo, participé por interés propio de muchas formaciones o talleres sobre género y diversidad y me vi reconocido en todos los estereotipos de personas confiables para el común de la gente: alto, tez blanca, con anteojos, pero, sobre todo, hombre. Estoy seguro de que cumplir con ese estereotipo me debe haber ayudado en mi profesión. **Dónde estoy.** En medio de las contradicciones entre lo que fui y lo que soy, entre lo que entendía y lo que entiendo, pero con la convicción de que debo y puedo hacer que más personas descorran ese velo que yo tenía.

Un punto importante es saber que descorrer ese velo no es solo para los hombres.

Muchas mujeres que participaron de mí mismo entorno y con crianzas similares piensan o creen hoy lo mismo que yo creía hace treinta años.

Cómo y dónde debo contribuir a descorrer ese velo. En mi lugar de trabajo, con mis amigos, en mi entorno me encuentro diariamente con situaciones en las que considero que debo intervenir.

Trabajo con mucha gente, dí clases en muchas universidades y comparto muchas actividades donde enfrento situaciones que se presentaban en mi cabeza o en mi entorno treinta años atrás (¡y me parece mentira!).

"Contratemos a un hombre, porque la mujer se embaraza".

"Si queremos ayudar a crecer profesionalmente a una mujer la tenemos que ayudar a que tome roles más masculinos".

"Que las minutas de las reuniones las hagan las mujeres porque son más detallistas".

"Hay ciertas profesiones o actividades para hombres porque el entorno es eminentemente masculino".

Esto lo escuché mucho en algunas profesiones y ese axioma no hace más que perpetuar esa profecía autocumplida.

Hoy sé que con mis dichos o acciones incido algo en las personas y contribuyo a desarrollar ambientes de trabajo equitativos, pero también sé que lo debo hacer (y lo hago) en la comida con mis amigos de la facultad, en el vestuario, en el gimnasio o en discusiones coloquiales.

Mis valores me empujan a ello y, sobre todo, a contribuir con el desarrollo de una sociedad mucho más justa para nosotros y para quienes vienen detrás nuestro. Que ya no se trata solo del acceso de las mujeres. Se trata también de otras minorías cuya desvalorización, invisibilización y marginalidad debe ser combatida y puesta de manifiesto, porque corre por carriles semejantes: el del chiste aparentemente inofensivo, el de la racionalización supuestamente económica, el del pensamiento grupal, que terminan por legitimar la exclusión.

Verdades incómodas, pero necesarias

Por **Federico Regules Bosch**

Así como hay un cambio muy importante en la postura de la mujer frente las costumbres y cultura arraigadas, yo siento que hay un cambio igual de profundo en mí.

Si bien es fácil comprender y razonar que las cosas como suceden hoy no están bien, ¡no es nada fácil hacer propios los cambios en el día a día!

Me refiero, sobre todo, a los actos cotidianos y permanentes de nuestra vida. Es difícil salir de la zona de confort en que vivimos los hombres. Toda nuestra educación ha tendido a arroparnos y consentirnos.

Creo que el camino es ir dando pasos en la pareja. Al compartir los quehaceres cotidianos, darnos oportunidades de crecimiento, tanto laboral como profesional, y especialmente, si vamos aprendiendo a dejar de lado cosas que parecería que por "derecho divino" nos tocan a los varones, aprenderemos juntos que compartir es lo mejor.

Si logramos establecer estos cambios en nuestra vida, con nuestra pareja e hijos, seguro cambiaremos nuestros hábitos en la vida laboral y social.

Al fin de cuentas, hay mucho de egoísmo y miedo de salirnos del confort en el que estamos.

En estos años, en FLOR hemos organizado algunos encuentros también para hombres. Convocamos a CEOs o líderes empresarios varones. Pero solos. Queríamos escucharlos, saber que veían respecto de la movida que estaba ocurriendo en la sociedad hacia la paridad de género y también sobre lo que hacíamos desde la Fundación. En esos encuentros escuchamos algunas cosas como "no me gusta que mi pareja gane más que yo", "no sé si debo abrir la puerta del auto a una mujer, o dejarla pasar primero en el ascensor", "si me dieran la licencia parental, no sabría qué hacer en mi casa".

La mayoría de las veces, la paridad de género es percibida o bien como un problema de las mujeres o bien como un problema del área de RH. Y por ende, serîan las mismas mujeres o RH quienes deberían resolverlo. Esta falsa percepción deja a los varones en un lugar de observadores en el mejor de los casos, o de víctimas en el peor. ¿Cómo ayudarlos a atravesar estos cambios?

Así que entramos por esta cuestión en la charla con ellos, y la primera pregunta que les hacemos es qué sienten frente a esta agenda que se ha impuesto en la última década de forma tan inequívoca. Y los interpelamos de manera amable, para que nos acompañen. Por eso hablamos de "aliados", aunque en el feminismo esta sea una palabra controvertida. Como en casi todo, no hay posiciones únicas. **En FLOR estamos seguros de que es con todos: varones, mujeres, no binaries, cis, trans.** Pero las mujeres cis somos una "mayoría minorizada". Mayoría porque somos más del 50% y minorizada porque de hecho no podemos acceder a todos los derechos que tenemos de la misma manera que los varones cis. Personas no binarias y trans también son colectivos minorizados pero no son mayorías y tienen algunas problemáticas específicas.

Hay una complejidad adicional y es que no siempre las posiciones son dicotómicas ni exhaustivas, ni la línea demarcatoria es el sexo/género. Hay varones que ven el problema y se involucran, y mujeres que no lo ven y/o no se involucran. Por ende, si bien el objeto del problema sí es el sexo/género, las personas no siempre se alinean en función del propio, sino más bien en función de sus intereses, experiencias, educación, socialización, valores e ideologías. Lo que vuelve más difícil el diálogo.

Algo está claro: el cambio no lo podemos hacer solas, porque los que tienen que abrirnos la puerta son ellos, porque son los que están en las posiciones de poder. Así que tenemos algunos tips que les solemos decir si quieren convertirse en aliados: Pregúntennos, no den por asumidas nuestras preferencias sobre todo en cuestiones de carrera. No asuman que la **maternidad** es el único deseo y la mayor prioridad para todas las mujeres. Aboguen por nosotras en público, defiéndannos cuando vean que somos objeto de microviolencias. **Compartan las responsabilidades** en casa sin que se lo pidamos. No solo para llevar a los chicos a fútbol o al médico, también para limpiar, hacer las compras, cocinar, preparar la vianda del día siguiente, lavar la ropa y plancharla. Estudien, lean, infórmense sobre las cuestiones de género, porque si no lo hacen, si piensan que solo es un tema que compete a las mujeres, les estarán dando la razón a quienes dicen que los varones no quieren que las cosas cambien porque no quieren abandonar sus privilegios. Esponsoreen a alguna mujer, o sean sus mentores. Escúchennos. En las reuniones, dennos la palabra aunque no la pidamos. No le agradezcan a la número dos porque hizo lo que sea que hizo: salgan de escena y dejen que sea ella quien hable directamente. Ayúdennos a ser visibles. Fuimos educadas para no serlo. **Abran la puerta, déjennos pasar.**

En FLOR, lo que buscamos es achicar las brechas, propiciar el entendimiento y brindar herramientas para que ellos puedan tomar acciones junto a nosotras. Por eso nos gusta el concepto de "aliados".

12

El mundo es mejor con una FLOR

Así como Resiliencia SGR es una organización a mi medida, FLOR es un sueño hecho realidad, el corazón que late en cada una de mis compañías, la matriz de donde surgen las ideas, los valores, la impronta con la que pensamos a las personas y a las organizaciones, y a la interacción entre ambas. En FLOR nos animamos a **soñar en grande** y asumimos como misión cambiar el mundo, tomando un rol activo, cultivando la transformación positiva que queremos vivir.

"FLOR" es un acrónimo de Fundación Liderazgos y Organizaciones Responsables. Fue fundada el 21 de septiembre de 2012 (sí, el día de la primavera), con la idea de articular las diferentes acciones que yo venía desarrollando, tanto en el ámbito académico como en el trabajo social y el desarrollo local. Mucho de lo que estuve hablando en los capítulos anteriores. También pensé la fundación como una manera de **alimentar nuestras raíces** y de colaborar con los cambios culturales que necesita nuestro país, poniendo especial énfasis en Carlos Casares, el corredor de la ruta 5, para que tomemos conciencia de que el interior del país es un buen lugar para vivir. Queremos que los pueblos y las ciudades chicas puedan retener y desarrollar sus talentos. Y, sobre todo, aspiramos a contagiar, en cada persona que se cruce en nuestro camino, el entusiasmo por sentirse parte del cambio, generando aprendizajes y transformaciones.

Estos más de 10 años podría dividirlos en 3 etapas. La primera donde solo éramos 2 personas, nos íbamos con un auto a distintos eventos para hablar de liderazgo femenino, del rol de la mujer en las empresas familiares. También vendíamos ejemplares del libro *Pasión por hacer*, todo muy a pulmón y en comunidades del interior de Argentina, con mucho foco en la provincia de Buenos Aires. Nos encantaba organizar en Carlos Casares una maratón solidaria para recaudar fondos para el Hospital Municipal y compartir la idea para que cada ciudad tenga su maratón.

Luego vino una etapa más profesional donde ya las egresadas de los programas se sumaban al equipo, a la red, empezaron a aparecer Embajadoras FLOR y éramos más personas definiendo el rumbo de esta red. En el 2017 estuve de lleno varios meses en W20, ahí fue cuando Lili D'Anunzio me cubrió full time en la dirección ejecutiva, le puso su impronta y hasta sugirió el término "polinizar": llevar las semillas del entusiasmo y la acción de un lugar a otro, entre otras varias cosas. En esta etapa recuerdo siempre la necesidad de conseguir sponsors, organizaciones que nos acompañen para crecer y juntas llamamos a distintos organismos internacionales para compartir lo que estábamos haciendo, pero cuando conté que iba a trabajar en G20, todos los ojos, los fondos, la energía, y los equipos de estos potenciales sponsors se fueron a trabajar allí. Y FLOR otra vez quedó sin ese apoyo.

Y diría ahora que estamos en la tercera etapa. La pospandemia, donde el foco es la internacionalización. Con un gran equipo, con personas que generosamente donan su tiempo, con más Embajadoras, con una red de muchas personas y organizaciones que quieren apoyar nuestras campañas y nuestras actividades. Espero que sigamos sumando socios estratégicos para que esta organización y su propósito sean sostenibles en el tiempo.

Creo firmemente que esta posibilidad de **expansión** fue gracias a haber trabajo más sobre nuestro propio gobierno corporativo. Durante la pandemia, uno de nuestros focos fue mejorar nuestro *governance*. Si bien siempre habíamos tenido un Consejo Asesor diverso y de excelencia, fue en ese entonces que establecimos algunas reglas de la mano del comité de Gobierno Corporativo. Con el Consejo definimos anualmente la estrategia a partir de la cual se apalancan los objetivos.

Cada vez más organizaciones se dan cuenta de que los sesgos inconscientes obstaculizan la meritocracia y hacen que se termine por elegir varones para los puestos directivos. Los números respaldan esta afirmación, ya que en las organizaciones de todo el mundo, con independencia del país o de la industria, los hombres tienen en promedio entre el 70 % y el 100 % de los asientos de los boards y los comités ejecutivos. En general, hay dos razones muy habituales por las que las empresas buscan cambiar esta realidad: una, por razones éticas y de buenas prácticas, y dos, porque la diversidad hace que la empresa sea más innovadora, tome mejores decisiones, entienda mejor a sus distintos públicos y por ende, mejore su performance.

Ninguna de esas dos respuestas nos convence. La primera, por razones obvias: es una cuestión casi discursiva, hacia afuera, para ganar la buena opinión del contexto. La segunda, porque si no fuera así, si la empresa no mejorara, ¿a qué conclusión se llegaría?

La pregunta es: ¿queremos una sociedad con mujeres que se

puedan desarrollar en la faz profesional en igualdad de condiciones con sus pares varones o preferimos mantener el *statu quo*? ¿Queremos una sociedad en la que los hombres compartan la responsabilidad en las tareas de cuidado o preferimos que esta siga siendo una responsabilidad mayoritariamente femenina?

En FLOR tenemos claro que la igualdad de género no es una cuestión de las mujeres solamente, sino de la *sociedad en su conjunto*. Crece la economía, se reduce la pobreza y mejora la gobernanza de las organizaciones.

En FLOR nos decantamos por el argumento humano: queremos igualdad en los roles, apostamos por el cambio, queremos generarlo, pero no solo desde el discurso o con el argumento de que la diversidad es buena para el negocio, para las ganancias.

Queremos un cambio genuino, que mejore la sociedad. Por ahí se empieza para cambiar el mundo.

La perspectiva de género no es una ideología. Es un modo de ver el mundo. Más bien desarma un modo **hegemónico** de concebir lo humano y nos lleva a aceptar diferencias y a cuestionar derivaciones jerárquicas. Es decir, a entender a mujeres y varones como seres humanos con diferencias que no justifican la subordinación o la idea de superioridad de uno sobre otro. Por el contrario, aboga por el derecho de todas las personas a disfrutar de la vida en igualdad de condiciones. FLOR empezó con el programa

Mujeres en Decisión, que fue fundacional, el primero en impulsar la gobernanza de las organizaciones con mirada de género. ¿Y por qué hablamos de gobernanza?

El gobierno corporativo alude a todos los mecanismos de las organizaciones para tomar decisiones. Quién decide qué cosa, bajo qué paraguas, cómo. Consiste en determinar reglas de juego para garantizar la transparencia en la toma de decisiones. Hasta que llegó el MED, no había ningún programa de gobernanza de las organizaciones desde una mirada de género. En FLOR tuvimos esa visión, pusimos la lupa ahí y hemos sido pioneros.

Nunca lo dudamos, empezamos de a poco, lanzando programas relacionados con esa temática. Hoy nos extendemos a la diversidad en general y las propuestas son para hombres, para mujeres, para jóvenes, para personas experimentadas, para ejecutivas/os, para emprendedoras/es, para empresarias/os. No se trata de públicos desde el punto de vista de la venta, sino de segmentos a los que nos dirigimos para cambiar las organizaciones con vistas a que sean inclusivas en todo sentido.

Este tema fue y será parte de nuestra esencia. Tal es así que redoblamos la apuesta y creamos nuevos programas para seguir acompañando a las mujeres a romper los techos de cristal. Sin embargo, la pandemia y esta revisión interna que nos produjo, nos llevó a preguntarnos, ¿cómo nos ve el resto? ¿Somos una organización orientada exclusivamente a mujeres o queremos algo más inclusivo?

La respuesta era obvia. El pilar excluyente del ADN de FLOR es la **integración de la diversidad.** Y eso abarca más que la diversidad de género. El problema era que no lo estábamos comunicando como tal.

Ahí nos sumergimos, en vísperas de nuestro décimo aniversario, en un proceso de reflexión sobre su esencia. Esto llevó a la revisión de su misión, visión, valores, manifiesto e identidad visual, y a realizar un minucioso trabajo para "aggiornar" la marca a lo que la fundación había logrado construir durante este tiempo y que proyectaba seguir realizando a futuro.

El objetivo era mostrar, mediante sus elementos de comunicación, una fundación que ha progresado y que reconvierte su imagen para adaptarse al entorno actual, más global y diverso.

Para comenzar, el logotipo (parte tipográfica de la marca gráfica) se ha simplificado, pasando de "Fundación Liderazgos y Organizaciones Responsables" a "Fundación FLOR". Esto se debe, por un lado, a que su comunidad denomina de esta forma a la organización y, por otro, como referencia al isotipo que la Fundación mantuvo por sus primeros diez años: una flor.

El logotipo se ha materializado en una tipografía de palo seco que reviste a la nueva identidad con formalidad moderna.

El isotipo forma una letra F abstracta inspirada en la naturaleza, que reemplaza la flor figurativa del isotipo anterior. Está compuesto por dos trazos orgánicos de distintos colores. Esto representa, por un lado, el espíritu dinámico de una fundación que está en **constante movimiento y adaptación.** Por otra parte, evoca la transformación positiva que la fundación fomenta mediante sus acciones.

El violeta, utilizado como uno de sus colores principales y de carácter predominante en las aplicaciones, connota profundidad, sabiduría, seriedad y elegancia, reforzando el aspecto institucional de la marca. Este es, además, el color asociado a la **transformación.**

El verde representa el crecimiento, la frescura y, en esta nueva versión, **modernidad.** También es el color de la naturaleza por excelencia que, en conjunto con la forma del trazo en el que se encuentra, evoca de manera abstracta a una hoja o brote y hace un "guiño" a la flor que conformaba la marca anterior.

**El mundo cambió. Y seguirá cambiando.
La manera en que nos comportamos
ante esos cambios nos define.
Elijamos ser personas más responsables,
más abiertas, más inclusivas.
Busquemos transformarnos en eso
que queremos ver en nuestro entorno.
Porque cuando nos decidimos
por un cambio positivo
evolucionamos hacia algo mejor.
Y hacia allá vamos.
Cultivemos la transformación
positiva en el mundo.**

El claim de marca, "Cultivemos la transformación positiva en el mundo", está enunciado en plural porque invita a recorrer un camino en grupo. Impulsa a tomar una **acción en conjunto,** como colectivo de personas. Es breve, simple y fácil de recordar. Su verbo está vinculado a la esencia de la organización, así como también tiene un guiño al nombre. Al mismo tiempo está enfocado en el nuevo eje al que apuntamos y buscamos transmitir en la nueva comunicación.

Así fue como comenzamos a definirnos como una **red** que impulsa la formación y la transformación de líderes responsables con el objetivo de construir organizaciones más sostenibles, diversas, inclusivas y equitativas. Nos gusta ser un puente hacia el cambio positivo que las personas y las instituciones necesitan para lograr una sociedad mejor.

Nuestra misión es impulsar líderes y organizaciones responsables que promueven el bien común en su entorno. Y nuestra visión es ser un referente global para las personas y las organizaciones que buscan abrazar un impacto positivo en su cultura y en la sociedad.

Definimos, entre otras cosas, que nuestro foco debía estar ahora en la gestión integral de la diversidad. Y es más complejo de lo que se cree, porque la gestión de la diversidad tiene un aspecto espinoso: el exceso de corrección política y la cultura de la cancelación. El miedo a hablar, a expresar una opinión que no se ajusta a los cánones actuales, es miedo al castigo que eso puede traer aparejado.

Muchas veces esta cuestión se ha vuelto un búmeran. Es un problema de índole sistémica, no tiene un solo abordaje, sino múltiples aristas. Se trata de abrazar la **singularidad** de cada persona, para que cada una logre desarrollar un sentido de **pertenencia** en las organizaciones y el mundo, impulsando el **reconocimiento** y la visibilidad de sus historias personales, de su experiencia, de sus aportes.

¿Te sentís integrado y reconocido en tu organización o entorno? ¿Qué crees debería cambiar para que sí suceda?

La mayor parte de los líderes entienden la diversidad, pero no la inclusión. Ese es uno de los temas a los que queremos llegar: ¡cómo alcanzar la integración plena! Pensamos que ya somos todos conscientes de los beneficios de la diversidad, pero nos trabamos cuando queremos pasar de las declaraciones a las acciones, a los números.

Y es donde pienso que FLOR agrega valor, porque no solo conceptualiza los cambios que vamos transitando como sociedad respecto a la diversidad, sino que lo transforma en capacitaciones y programas de formación que buscan generar estos diálogos en vías de la integración plena. No es algo que se podía encontrar fácilmente en libros de management, y si se encuentra, aplicarlo no es tan fácil como decirlo. Necesitamos ponerlo en práctica, y es ahí donde FLOR acompaña. Queremos lograr que todo funcione inconscientemente, que no necesitemos hacer énfasis, foco, insistencia, sino que, algún día, **fluya.**

La cuestión no termina allí, no se dirime discursivamente. Acá es donde entra en juego la integración. Si bien todos somos diversos, todos tenemos algo diferente de lo normal —entendiendo como normal el concepto estadístico—, hay diversidades que son apreciadas socialmente, otras que no son relevantes y otras que son colocadas en un lugar de disvalor. Son estos casos los que nos convocan: que esas personas diversas participen como uno más, sin que se genere incomodidad o sin que esa integración sea enarbolada como un logro de la empresa para hacer marketing.

1. No criticamos. Siempre tratamos de sumar. Promovemos un entorno amigable y seguro. No confrontamos, contamos lo que vemos, buscamos datos y decimos por qué queremos cultivar un cambio positivo que aún no vemos.

2. Nos encuadramos en la moderación, pero nos gusta el cambio y queremos verlo durante nuestra vida, no en la generación siguiente. El impacto lo logramos sumando personas de nuestro país y de toda la región. A eso vamos.

3. Lo que viene es con todas las personas. Juntas en este propósito.

Cómo cambiar el mundo

Como ya señalé, en FLOR consideramos que estamos en el rubro de "cambiar el mundo", por tanto brindamos formaciones, conexiones, transformaciones y reconocimientos para líderes y organizaciones, con el fin de promover mayor diversidad y responsabilidad.

Particularmente, brindamos programas de **formación** (que van más allá de ser solo capacitaciones: son espacios de intercambio de conocimientos, experiencias, intelectuales y emocionales), espacios de **conexión** entre líderes que promueven la responsabilidad, reconocimientos para organizaciones responsables y programas de transformación organizacional y consultoría a medida para organizaciones que busquen mejorar en alguna de las áreas alineadas a nuestro propósito.

¿Cómo se financian las actividades de la Fundación? FLOR es

una organización que trata de ser autosustentable y sus principales fuentes de ingresos son los aranceles por los programas abiertos, los honorarios por los programas *in-company*, y el sponsoreo de socios estratégicos para determinados eventos, como el Premio FLOR o el Congreso FLOR. Pero también inauguramos un canal de donaciones en nuestra página web para aquellas personas que se quieran sumar a nuestro propósito.

Cada programa busca **dar respuesta** a alguna situación que vemos como problema concreto y visible.

Nos preguntamos cómo nos ven, por qué nos eligen, y esto fue lo que algunas mujeres de la RED dijeron…

"Elegí a Fundación FLOR porque buscaba herramientas para mejorar mi gestión en la Universidad, y me encontré no solo con esas herramientas, sino también con una red de mujeres con muchas ideas y energías para trabajar y compartir." —**Gabriela Arévalo**

"¿Por qué formarse en FLOR? Porque apela a una formación disruptiva, diseñada por y para mujeres y acompaña la trayectoria de cada una respetando nuestra singularidad." —**Carolina Sánchez**

"Elegí Fundación FLOR para formarme, porque me sedujo el buen trato de toda la red, el incluir a todas y ese liderazgo generoso. No me equivoqué." —**Elisabet Piacentini**

"FLOR es una fuente de inspiración, compromiso y balance que respeto y admiro." —**Fabiana Dircie**

"Porque me siento comprendida" —**Ana De Benedetti**

"Andrea, amorosa y profesionalmente, transpiró en su empresa familiar y apasionadamente inspira desde FLOR." —**ANALÍA MOGUILIANSKY**

"Conozco a Fundación FLOR desde sus inicios, y apenas me acerqué supe que Flor iba a multiplicar, visibilizar y acompañar con sus valores. Desde ese momento quise encontrar como sumarme y acompañar y así lo hice, Hoy me siento orgullosa de ser parte." — **MYRIAM CLÉRICI**

"La Fundación FLOR es una excelente oportunidad para que las mujeres crezcan como líderes y profesionales." —**NATALIA FACCIOLO**

"Encontré en FLOR un espacio confiable que me ayuda a modelar mi propósito, inspirarme e inspirar hacia una mejorar calidad de vida, generar relaciones amigables y sostenibles para potenciar los talentos y dar el salto de fe." —**VILMA MELLADO**

En resumen, nos eligen porque...

- Brindamos soluciones concretas a los problemas a través de una visión **holística** de la responsabilidad.
- Formamos y transformamos tanto líderes como organizaciones para que su crecimiento valore la responsabilidad, entendido como un funcionamiento íntegro, equitativo y diverso, que valore las **buenas prácticas** de gobierno.
- Brindamos conexión entre líderes.
- Promovemos la formación de una red de **lazos generosos** que permiten el crecimiento individual y social respetando

los valores de diversidad, equidad y responsabilidad que nos motivan.

- Damos **visibilidad** a líderes y organizaciones que sean diversas, y que además sirvan de inspiración para otros/as.
- Acompañamos en procesos de **evolución** y transformación profesional y organizacional.
- Somos una plataforma donde nuestra red puede proponer y trabajar proyectos de **impacto.**
- Tenemos un equipo a disposición de nuestra red de líderes y organizaciones de forma constante.
- Buscamos brindar nuevos y mejores **beneficios** a nuestra red.
- Generamos espacios en directorios para mujeres.

Así como en Resi nuestro equipo está colmado de jóvenes, en Fundación FLOR tenemos muchas psicólogas y algunas "reinas". Es una linda casualidad que muchas de las chicas que forman nuestro equipo hayan participado en la Fiesta Nacional del Girasol en Carlos Casares, y de hecho gracias a ello las conocimos.

Si bien es algo que ha sido cuestionado en los últimos años, valoré mucho siempre el proceso, la exposición y el entrenamiento en oratoria por el que pasan. Esto hace que confíen en su poder, su potencial y lo utilicen con humildad.

Hoy se les llama **"embajadores/as culturales"** y es lo que realmente son. Para que puedan entender el valor que tiene esta experiencia, le pedí a Sofi y Rebe que les cuenten un poco al respecto.

De reinas y coronas a representantes culturales

Por **Sofia Florit**

Responsable de administración en Resiliencia SGR

A lo largo de la historia, los reinados de mujeres han logrado causar en las personas una creencia acerca de que los mismos se asemejan a concursos de bellezas, creando así estereotipos sobre las mujeres. Solo quienes hemos vivido esta experiencia desde adentro, sabemos que esto no sucede de esta forma. Participar en la elección de un reinado a nivel regional, provincial, nacional o internacional implica cierta disciplina y dedicación. Actualmente, muchos de éstos certámenes han finalizado. En cambio, otros han optado por adaptarse a los cambios que la sociedad presenta, modificando desde su nombre a "representantes culturales" como así también las personas que pueden presentarse a la elección, permitiendo la participación de personas de diferentes sexos y edades. Esto demuestra una evolución en la sociedad y la necesidad de demostrar que con formación y responsabilidad, se puede representar ya sea a una fiesta nacional, una ciudad, institución u organización. Los representantes culturales son fundamentales para preservar y promover la diversidad cultural de una sociedad y transmitir conocimientos.

Desde mi experiencia personal, haber participado en la elección de un reinado me llenó de conocimientos, me brindó la capacidad de poder comunicarme de manera asertiva y expresarme ante las personas. Me permitió ganar más seguridad en mi misma. En consecuencia, siento que gracias a estas aptitudes que adquirí y mejoré gracias a esta experiencia, hicieron que Delfi, a quien ya conocía, me presentara a Andre para trabajar junto a ella en sus organizaciones FLOR y Resi SGR, empresas que promueven la dedicación, el compromiso, la pasión por hacer, el involucrarse y generar cambios positivos en la sociedad.

Más allá de la Corona: el impacto transformador de representar a una Fiesta Nacional

Por **Rebeca Robles**

Asistente de Andrea y Coordinadora de los Premios FLOR

Hace varios años, las fiestas populares de nuestro país luchan por desvincular su propósito de los concursos de belleza. Sus representantes de hecho tienen un objetivo que va mucho más allá. Se trata de elegir voceros culturales que trabajen por preservar y promover la historia e idiosincrasia de una fiesta, una ciudad o un país.

Tal vez la mejor comparación que se me ocurre es con el trabajo de un diplomático de carrera. Quien lo hace debe tener conocimiento de la historia y la cultura, y conocer la coyuntura del lugar. Pero además, debe ser una persona cálida, comprometida, proactiva, con capacidad de empatía y cercanía a su público. En suma, es donde confluyen la formación y el liderazgo responsable. La buena noticia es que cualquiera puede prepararse para ello. Y son herramientas que te acompañan para toda la vida, aplicables a cualquier esfera.

A los 17 años tuve la oportunidad de representar a la Fiesta Nacional del Girasol como su reina, y les puedo asegurar que durante meses entrené, con mucha disciplina, mi oratoria. Diría que de todo lo que aprendí, esa fue una de las herramientas más valiosas que pude incorporar. Solo quienes viven esta experiencia en primera persona conocen del esfuerzo, la pasión, la disciplina y la responsabilidad que conlleva. Porque ser reina ya no se trata de llevar una corona, sonreír y recitar frases prearmadas que intentan promulgar la paz mundial. Se trata de formarse integralmente para portar, con honor y compromiso, la voz del pueblo al que representan.

Gracias a todo lo aprendido en esa etapa de mi vida, así como a las redes generadas, hoy tengo una vida que supera cualquier cosa que me podría haber imaginado. Representé al país en un reinado internacional, comencé un hermoso camino en Fundación FLOR, conocí personas maravillosas como Delfi y Andre, y crecí. Crecí mucho. Pero sobre todo, entendí que para cambiar la realidad hay que involucrarse, con pasión, responsabilidad y formación.

Un espacio de crecimiento y libertad

Por **Marcela Lomba**

Directora académica de Fundación FLOR y directora de Eveil Consulting

En la escuela primaria me molestaba que los chicos jugaran a la pelota en el patio y nosotras no pudiéramos ni atravesarlo para ir al baño, sin ser llevadas por delante. Jugar a la pelota estaba prohibido, pero ellos lo hacían y nadie les decía nada. Por esa misma época, mi maestra de primer grado escribía en el informe de mitad de año a mis padres: "Siempre ayuda a sus compañeros. Siempre está atenta a los demás. Nunca habla si no es interrogada". En esas dos escenas sintetizo una enorme diferencia en la socialización de unas y otros. Cuando terminamos el colegio, a nosotras nos premiaron por estar calladas y sensibles a la opinión ajena, y ellos están preparados para ocupar todo el espacio posible y desafiar las normas.

En mi vida adulta, ya como profesional, viví las consecuencias de esta educación. Tras unos cuantos años en la vida corporativa y universitaria, había entendido que las reglas eran masculinas y que nosotras éramos solo unas invitadas en ese patio al que ellos habían llegado primero y colonizado según sus propias habilidades, las que habían desarrollado desde chicos.

El ofrecimiento para asumir la dirección académica en FLOR llegó a mi vida en el momento justo. Cuando estas cuestiones ya estaban maduras en mí, cuando había podido transmutar la ira en comprensión sistémica. Ya había entendido que era mucho más inteligente tratar de resolver un problema complejo encontrando palancas donde hubiera menos obstáculos que yendo de frente a discutir cada cosa, solo para levantar mayor resistencia a continuación.

La convocatoria de Andrea me llenó de entusiasmo y orgullo. Era algo que, sin saberlo, había estado esperando y para lo que, también sin saberlo, me había estado preparando, desde que allá por el 2009 o 2010 identifiqué que quería trabajar con mujeres en ayudarlas a superar las barreras —internas y externas— que se levantan entre ellas y su realización profesional. Por entonces, este propósito era un vago sueño, algo para lo que todavía no entreveía cuál sería el vehículo.

Como en el viaje del héroe cuando se declara el objetivo, la ayuda aparece. Y en mi caso, apareció en la figura de Andrea, esa aliada perfecta que me abrió las puertas de la Fundación y con su generosidad, su franqueza y su humildad, me permitió acompañarla en ese, su espacio, que hoy aprendí que es de toda la red. Ella me habilitó, me dio la libertad para desarrollar puntos de vista, debates, programas, ámbitos nuevos y contenidos que nos desafían y nos hacen avanzar.

Y así, el 2020, ese año terrible que quedará inscripto en la memoria colectiva como uno de los más difíciles de la historia, fue también el año en el que FLOR floreció. Junto a un equipo pequeño, pero con una voluntad firme y una visión clara, empezamos a crecer, impulsando nuevos espacios, nuevos programas y sobre todo, identificando nuevas amigas con ganas de dar y de tejer RED. En innumerables sesiones de Zoom nos fuimos conociendo, llorando juntas, sembrando amistades profundas y duraderas. A las mujeres que pasaron por nuestros programas, las llamamos "FLORes", y a los encuentros para socializar sin agenda, virtuales o presenciales, ¨Café MED¨. El nombre se debe a que en pandemia nos encontrábamos con las que cursaban el MED a tomar un café virtual por Zoom los sábados a la mañana para charlar de cualquier cosa. Hoy cada café MED —ya son presenciales y se replican en varias ciudades— es una alegría, en cada ciudad de la Argentina hay FLORes y cada nuevo programa que se inicia es una oportunidad para que nazca la magia de la empatía y la complicidad entre mujeres.

El MED, el Cosas de Mujeres (CDM) y los Premios FLOR fueron solo el comienzo. Después de 2020 vinieron programas focalizados (los "Pos-MED") en política y economía, en transformación digital, en reinvención profesional, en oratoria. Se vino un programa abierto para que las emprendedoras puedan escalar sus negocios. Se vino un nuevo programa abierto, Perspectivas en Diversidad, sobre distintas formas de pensar la equidad y la inclusión, y este programa ya no es solo para mujeres. Se vino el programa Board Experience, para las que quieren ser directoras independientes y para las empresas que quieren mejorar el funcionamiento de su directorio. Los comités se ampliaron y mejoraron su funcionamiento. Se empezó a hacer el Congreso FLOR, para dar visibilidad a speakers noveles de la red y conocer el expertise de cada una. Se hicieron ciclos de masterclasses con expositoras internacionales de primerísima línea. Ganamos presencia en foros internacionales como el W20, el Foro de Davos o el G20 Empower. En este 2024 se vienen viajes de diversión y networking dentro de Argentina, y para seguir formándonos afuera, en Madrid. Pero la marca de agua de FLOR sigue intacta, y es la impronta de su fundadora, su pasión por hacer, su urgencia por cambiar el mundo y su visión de pensar en grande. FLOR ya no es una red de mujeres empresarias o directoras de empresas. Hoy es una red de personas —varones y mujeres— deseosos de ayudar a hacer del mundo un lugar mejor.

Lo mejor está por venir

Por **Laura Tula**

Directora de programas para emprendedoras de Fundación FLOR

Cuando pensé en escribir sobre lo que es ser FLOR, me pregunté en primer lugar si iba a referirme a "ser FLOR" como parte del Equipo FLOR o al "ser FLOR" como parte de la red. Curiosamente enseguida me contesté que no veía la diferencia. Así que aporto mi definición de FLOR, en todo el sentido de la palabra.

FLOR es primero y, ante todo, una zona de esperanza, de optimismo, de generosidad, donde los que estamos sentimos que el cambio individual es posible pero que, más aún, también es posible la transformación colectiva, de la persona (en lo más personal) y de lo social (en lo más grupal). Creemos que el trabajo conjunto y el esfuerzo hacen una diferencia y que "lo imposible" no es más que una categoría de atribución. Lejos está de amedrentarnos y mucho menos, de definirnos.

FLOR es además una red, donde las personas colaboran día a día, construyendo su realidad y la de otros, apostando a palabras como responsabilidad, diversidad, solidaridad, empoderamiento. Aprender, enseñar, idear, discutir, son las armas de nuestra lucha diaria y la motivación de nuestro quehacer cotidiano.

FLOR es una plataforma de relanzamiento, donde sentimos que podemos desarrollar una mejor versión de nosotros mismos, donde apostamos a la reinvención constante porque siempre hay algo más que aportarnos y que aportar a otros.

En FLOR no nos alcanza con desear, soñar o imaginar; en FLOR tenemos que "hacer", porque, tal como a Andrea, nos apasiona ver los resultados, palpar el cambio, sentir que mañana no va a ser igual que hoy, y que nosotros podemos ser la diferencia.

Finalmente, y lo más importante, FLOR es una familia, un lugar amoroso donde se quiere y se quiere bien, donde Andrea con su bondad, empatía y calidez nos hace sentir una parte trascendental de su visión, de sus recursos, de sus posibilidades. Nos invita a creérnosla y a ser protagonistas. Nos desafía a salir de la zona de confort y a ver el potencial en todo lo que somos y hacemos.

La yapa es personal... FLOR fue para mí una increíble oportunidad de empezar un nuevo rumbo, un hallazgo en el medio de la incertidumbre, la oportunidad de aprender de mujeres que admiro y de creer que tengo mucho por dar, de sentirme tan pequeña y tan grande al mismo tiempo, de ver por primera vez la potencialidad de mi potencia. En resumen, FLOR es para mí la esperanza de sentir que lo mejor aún está por venir...

Liderazgo es servicio

Por **María Marta Tálice**

Camada 6 del MED y miembro del consejo de administración de FLOR

En 2016 apareció Fundación FLOR en mi vida, como un espacio donde pude aprender el Gobierno corporativo con perspectiva de género, el valor que agrega la diversidad y la inclusión en las organizaciones.

Andrea Grobocopatel y su generosidad me brindaron la posibilidad de desarrollar mi gusto por la docencia y la participación en congresos y mesas de debate.

Soy facilitadora de los cursos MED (Mujeres en Decisión) desde el 2017 y encuentro en la Fundación el espacio para contribuir a que otras mujeres puedan formarse y abrirse camino.

En FLOR comprendí el verdadero significado del paradigma colaborativo, la importancia de tejer redes y que a la par llegamos más lejos.

El voluntariado me dio sentido, propósito y la gran oportunidad de trabajar en equipos heterogéneos y en algunos casos internacionales.

Tejer redes para ser gestora de soluciones, porque el liderazgo es servicio y a mí me gusta servir. Esto lo aprendí de Andrea.

¡Gracias siempre!

13

De Casares al mundo

Los comienzos

Estudiar un máster en el exterior es una cuenta pendiente de mi vida. Si bien luego de terminar mi carrera universitaria como economista en la Universidad de Buenos Aires, el gobierno de Estados Unidos me becó para un *fellowship*, me quedé con ganas de tener una experiencia un poco más larga. Lo cierto es que el deber llamaba en Argentina y volví a trabajar a la empresa familiar que habíamos creado con mi padre y mi hermano luego de la división con mi tío. Al tiempo me casé, desarrollé mi carrera y tuve cuatro hijos. Cuento sobre este capítulo de mi vida en mi primer libro escrito en 2014, *Pasión por hacer*.

Sin embargo, ello no detuvo mi interés en poder **internacionalizar** mi experiencia. La vida hizo que pudiera compartir mis conocimientos y aprendizajes en distintos temas, como mujer de negocios, miembro de empresa familiar, referente del agro, y particularmente en temas de género y diversidad. Sobre esto último es donde más quiero detenerme, pero primero tengo que llegar hasta el momento en que ese empezó a ser el principal tema por el cual comencé a viajar por el mundo.

Como comenté en mi anterior libro y en parte en este, la empresa familiar creció mucho y se volvió una referencia por su novedoso modelo de negocios y sus prácticas de gestión dentro de los agronegocios. Con ello vino el interés de la prensa y de universidades que querían analizar y escribir sobre nuestro caso. Así es como nos empezaron a visitar desde distintas partes del mundo y nosotros a viajar para compartir nuestra experiencia como pioneros en innovación en el agro y también para hablar sobre **gobernanza y profesionalización** como empresa familiar. En mi caso he participado en espacios por toda Latinoamérica, pasando por Europa hasta llegar al este asiático, invitada por foros especializados y bancos internacionales.

Poco a poco la cuestión de género iba siendo un tema de interés a nivel internacional, con lo que empezaban a crearse espacios dentro de conferencias empresarias donde se trataban estos temas. Así es como por ejemplo recibí el *Demeter Award of Excellence* por la categoría "Innovadora del año" en *Women in Agribusiness Summit*, y también comencé a ser convocada para que cuente mi historia, para que inspire a otras mujeres en los negocios.

Más tarde, ya con Fundación FLOR en marcha, tuve el honor de ser reconocida por la Corporación Financiera Internacional (IFC) como una de las "pioneras" junto otras mujeres de mercados emergentes en lograr espacios de liderazgo y decisión. Este reconocimiento se suma al que recibiera por *Apolitical* como una de las personas más influyentes del mundo en materia de política de género en 2018.

En paralelo a esto es que comenzamos a repensar Fundación FLOR. A través de la misma, empecé a canalizar mi *expertise*, y poco a poco FLOR e convirtió en una institución de prestigio propio y referente en temas de liderazgo responsable, gobierno corporativo, diversidad, sostenibilidad y empresas familiares.

Y cuanto más preparaba mis *speeches,* más cuenta me daba de que para que las mujeres avanzaran en espacios de decisión, debíamos **promover entornos más propicios.** No era cuestión solo de empoderarnos sino también de preparar a las organizaciones para que hagan su parte. Lo pude ver sistémicamente, todos somos parte de algo mayor, y cada uno desde su lugar puede hacer algo para mover el sistema.

Así que armamos listas de propuestas de acuerdo con nuestras vivencias o leyendo las mejores prácticas de diferentes países, europeos principalmente, que llevan la ventaja en lo que hace a la gestión y promoción de la diversidad.

Desde las organizaciones:

- Desarrollar un *pipeline* diverso que pueda alimentar al consejo o directorio y monitorearlo.
- Fijar objetivos a CEOs, directores ejecutivos, sobre porcentajes de diversidad. Aplica o explica.
- Transparentar los porcentajes de mujeres en directorios y en C-level. Publicarlos en los documentos públicos (web, redes sociales, memoria y balance).
- Establecer políticas de contratación y desarrollo de carrera que puedan minimizar sesgos.
- Mentorear en el inicio de las carreras, para luego esponsorearlas y que sigan creciendo.
- Trabajar en los prejuicios inconscientes, en heurísticas y sesgos con todos los líderes.
- Preparar a la organización al momento de reclutar personas de colectivos diversos (personas trans o personas con discapacidad, especialmente) de forma de que no sean objeto de marginación.

- Medir, medir, medir. Comunicar las mediciones. Comparar.
- Trabajar al nivel de la cultura tanto como de los protocolos para eliminar situaciones de microviolencias o acoso.

Desde el sector público:

- Ser ejemplo en representación igualitaria de mujeres en cargos legislativos y ejecutivos.
- Hacer campanas amplias de concientización y educación, desde el nivel inicial hasta la universidad, fundamentalmente a docentes, profesores, personal de salud, de emergencias, bomberos, policías, sociedad en general.
- Generar políticas de licencias parentales incluso para padres adoptivos.
- Promover espacios de cuidado públicos y privados que respalden a progenitores de todos los géneros, y a personas que tienen a su cargo niños, adultos mayores o personas con discapacidad.

Desde los sindicatos:

- Tener más mujeres en espacios de decisión, mesas con más diversidad que aporten más miradas.
- Negociar no solo mejoras salariales sino también licencias parentales acordes por sectores.
- Generar espacios de cuidados para que las parejas puedan trabajar plenamente.

Desde las mujeres:

- Ser protagonistas, dar lugar y manifestar la propia ambición.
- Establecer relaciones estratégicas y mucho networking.

- Participar en cámaras, asociaciones para tener visibilidad, hablar de negocios principalmente.
- Asumir el propio estilo de liderazgo, sin necesidad de imitar otros. Prepararse pero no sobre-educarse. Buscar la experiencia tanto como la capacitación formal.
- Abogar por el género de manera amable.
- Apoyar y abrir el camino a otras mujeres.

Fundación FLOR y su internacionalización Women 20: mi experiencia como *Co-Chair*

2018 fue un año de mucha visibilidad internacional para Argentina, ya que fue el año en que tuvimos como país la presidencia del G20. El Grupo de los 20 (G20) comenzó como un Foro de ministros de Finanzas y gobernadores de bancos centrales, formalmente creado en la Reunión de Ministros de Finanzas del G7, el 25 de septiembre de 1999. Hoy es el principal foro intergubernamental de coordinación económica y financiera internacional, donde participan las principales veinte economías del mundo, entre ellas nuestro país. A diferencia de las Naciones Unidas, el G20 no es un organismo internacional con estructura propia sino un foro que se maneja con presidencias rotativas entre cada uno de sus miembros, quienes ponen a disposición su estructura para organizar todas las actividades que requiere.

Con el correr de los años, a las áreas tradicionales de economía y finanzas se le fueron sumando más temas de interés para la agenda internacional como la de **sostenibilidad, futuro del trabajo y equidad de género.** Asimismo, el G20 hoy no solo comprende espacios de intercambio entre gobiernos sino que se han incorporado espacios para otros actores, como por ejemplo **representantes de la sociedad civil y del sector privado.**

En 2017 recibí un llamado del Ministerio de Desarrollo Social. Su entonces ministra, Carolina Stanley, tenía la misión de recomendar nombres para liderar uno de los grupos de afinidad del G20, el W20 (Women 20). Se trataba del grupo que reuniría a referentes de la sociedad civil para que eleven sus recomendaciones a los líderes del G20 en materia de **empoderamiento económico de las mujeres.** Luego de algunas reuniones, tuve la confirmación de que oficiaría como Co-Chair del *engagement group* durante la presidencia argentina. Para apoyarme en mi rol es que se incorpora Giselle Petraglia, quien empezara como mi asistente para el W20 y años más tarde sería la directora ejecutiva de la Fundación, siendo este su primer proyecto de tantos otros que seguirán en los años subsiguientes. Y fue clave el rol de Lili D'Anunzio, que se hizo cargo de la coordinación general de FLOR para que pudiera dedicarme de lleno y poner foco en este proyecto.

¿Sabés manejar?

Por Giselle Petraglia Romano

Directora ejecutiva de FLOR

Esa fue la pregunta que me hizo Andrea durante la entrevista en octubre de 2017. Ya había pasado la entrevista con Lili, quien estaba a cargo del proceso de selección, así que solo me quedaba la conversación con Andrea. No se trataba de un rol común, sino que el puesto implicaría ser su mano derecha durante el W20.

Al responder afirmativamente, mencioné que tenía licencia de conducir y experiencia en manejo en carretera. Sin embargo, la realidad es que durante esos seis años nunca me había tocado conducir por razones laborales. Podría considerarse como una anécdota, un "por si acaso" en el momento de la entrevista.

Sin embargo, al reflexionar mientras escribo estas líneas, me doy cuenta de cuánto trabajar con Andrea me ha llevado a "manejar":

- múltiples tareas y solicitudes, logrando llevarlas a cabo (y negociarle otras surgidas en el medio de la "pasión por hacer", para que queden para otro momento);
- equipos diversos y mi crecimiento personal como líder;
- situaciones a las que nunca hubiera imaginado exponerme;
- los altibajos de la vida, tanto en el ámbito laboral como personal;
- expectativas, tanto las propias como ajenas;
- la autoexigencia;
- la responsabilidad de hacer crecer la red que constituye el corazón de nuestra fundación;
- las oportunidades para continuar cultivando la transformación positiva en el mundo desde Fundación FLOR.

Podría decirse que he pasado de saber manejar con el cartel de "principiante" a recibir un curso intensivo para obtener el carnet profesional. Lo mejor de todo es haber tenido a la mejor instructora que uno podría pedir: alguien que no solo enseña, sino que también permite "salir a la ruta" sola o, mejor aún, con ella como copiloto, charlando sobre diversos temas mientras revisa sus correos electrónicos usando su almohada cervical de viaje.

Uno de mis primeros trabajos fue el de conseguir financiamiento para este proyecto. En principio nos prestaron una oficina para funcionar en la Bolsa de Comercio de Buenos Aires y toda la estructura y desarrollo fue financiada por sponsors corporativos y bancos de desarrollo internacionales, como el Banco Interamericano de Desarrollo (BID) y la Sociedad Alemana de Cooperación Internacional (GIZ por sus siglas en alemán). Imposible olvidar mis llamadas al BID.

En diciembre de 2017 realizamos el *kick off* o evento de lanzamiento del W20 Argentina y como sucesoras de la presidencia alemana de ese año, donde recibimos delegaciones, representantes gubernamentales y sociales de todos los países, incluyendo el nuestro. Ese fue el primero de una gran serie de eventos que se llevarían adelante durante todo el 2018 para intercambiar con distintos actores y referentes en género y derechos económicos.

Los temas que nuestra presidencia consideró prioritarios para trabajar fueron cuatro: **inclusión laboral, inclusión financiera, inclusión digital y mujeres rurales.** Los tres primeros fueron continuados por las presidencias que nos sucedieron. El cuarto fue un agregado que consideramos eral importante abordar, por dos motivos: por un lado, por el lugar protagónico que la actividad agropecuaria ha tenido en nuestro país y, por otro lado, porque, según FAO, más del 50 % de las mujeres del mundo producen más de la mitad de los alimentos cultivados a nivel mundial.

Para incluir y tener en cuenta las diversas voces de las distintas entidades que representan o tratan de alguna forma la cuestión de género, pensamos en llevar adelante un **"Diálogo Nacional",** un proceso que nos llevó el primer trimestre del 2018 y que culminaría en un evento donde se establecieron distintas mesas con temas específicos donde se trataría de arribar a consensos para que el

W20 Argentina fuera lo más representativo posible en su posición ante el mundo de la sociedad civil argentina. No fue tarea fácil, pues no había (ni hay) unanimidad en la posición de muchos temas entre las diversas organizaciones. Sin embargo, el proceso de discusión fue muy **enriquecedor** y nos sirvió para aprender aún más de los temas que debatiríamos en los meses siguientes.

Esto nos lleva al primer evento internacional como W20 Argentina fuera de nuestro país, en Davos, Suiza. Eso fue la semilla de dos instituciones poderosas: la RMR (Red de Mujeres Rurales) y CEMS (Convergencia Empresarial Mujeres) conformada por Cámara Argentina de Comercio (CAC), Fundación FLOR, FECOBA, Fundación de Estudios Políticos, Económicos y Sociales para la Nueva Argentina (FEPESNA), Unión Industrial Argentina (UIA), Bolsa de Comercio, Confederación Argentina de la Mediana Empresa (CAME), Asociación Iberoamericana de Mujeres Empresarias (AIME). Dedicaré un apartado especial a mis viajes a esta ciudad en el marco del World Economic Forum, pero ahora solo me detendré en el que hiciéramos junto a W20 allí.

En paralelo comenzábamos el Diálogo Internacional, donde realizaríamos eventos y mesas de diálogo en distintos foros y encuentros, e incluiría encuentros específicos con delegaciones internacionales para abordar los principales ejes de trabajo.

Mi primera vez en Davos: W20 en el Foro Económico Mundial

En diciembre de 2017 tuve la idea de que la Argentina debía ser **la voz en temas de género** en la principal organización privada internacional: el Foro Económico Mundial (WEF por sus siglas en inglés). Esta es una organización sin fines de lucro que involucra a líderes empresariales, políticos, intelectuales y sociales a nivel global, unidos por su compromiso por mejorar el estado del mundo y que resulta de gran influencia en las agendas industriales, regionales y globales.

Ese era *el* lugar donde teníamos que estar si queríamos que la cuestión de género y en especial la posición del W20 Argentina fuera tenida en cuenta por los líderes del G20 y de otros países. Así que tras mucho esfuerzo por parte de mi equipo y del W20, logramos organizar un desayuno en la "Casa Argentina" en Davos (que era en realidad un espacio rentado por Argentina en un café en la calle principal de la ciudad). ¡Cuánto nos costó convencer al gobierno para que nos cediera ese espacio por unos minutos en la mañana de uno de los seis días en los que se desarrollaba el WEF!

Finalmente lo conseguimos, y así pudimos ofrecer un desayuno en el que participaron varias de las voces más influyentes del mundo de las organizaciones: EY, KPMG, HSBC, SEGIB, Louis Dreyfus, Manpower, Itaú, ONE Organization, Democracy Earth y la entonces primera dama de Argentina, entre otros. Logramos en este encuentro lo que buscábamos: ==escuchar a expertas internacionales,== y que la voz argentina fuera difundida y referente en lo que a los derechos económicos de las mujeres respecta.

A este encuentro lo complementamos con participaciones en otros espacios, incluyendo mi presentación como panelista en un evento organizado por Ernst & Young y The Female Quotient junto a Katja Iverson, presidente en ese momento de Women Deliver, a Julie Teigland, EY Regional Managing Partner, a Cindy Drakeman, CEO de DoubleXEconomy y a Amanda Ellis Special Advisor del East-West Center.

A estos espacios se les sumaron encuentros con empresarios argentinos, que incluyeron la presencia del entonces presidente, Mauricio Macri, eventos organizados por J.P. Morgan, Goldman

Sachs, Forbes y una cena para mujeres en Davos invitada por la propia organizadora.

Las calles de la ciudad están siempre llenas de locales alquilados por empresas y gobiernos donde muestran algo de lo que hacen y *"hostean"* eventos en torno de los ejes de interés del Foro. En estos sitios tuvieron lugar la mayoría de los encuentros y espacios en los que participé, pero hubo uno que destacó por sobre el resto.

La Reina Máxima de los Países Bajos es una persona sumamente activa en materia de desarrollo humano, especialmente en lo que respecta a la **equidad de género e inclusión financiera.** Tal es el caso que fue nombrada *Special Advocate* de la Secretaría General de la ONU para la Inclusión Financiera para el Desarrollo (UNSGSA por sus siglas en inglés). Cabe recordar que ella además nació y creció en Argentina.

El hecho de que nuestra presidencia en W20 pusiera a la inclusión financiera dentro de uno de los cuatro ejes de trabajo, sumado a la cercanía que le resultara que fuera nuestro país el líder ese año hizo que la posibilidad de tener una reunión con ella en Davos en el marco de la realización del Foro Económico Mundial.

Tras muchas llamadas e intercambios, se pudo concretar el encuentro con la reina. Nos encontramos en el hotel donde se alojaba y pudimos durante media hora intercambiar ideas sobre la importancia que tiene el hecho de que más mujeres puedan tener acceso igualitario y sostenible a productos y servicios financieros, especialmente garantías. Pude contarle nuestros proyectos para ese año en el marco del W20, como así también de Fundación FLOR y mi entonces proyecto de generar mi sociedad de garantías recíprocas, Resiliencia. Mi viaje a Davos con el W20 fue el primero de varios en los años siguientes, y fue muy positivo en tanto mostramos a nuestro país como referente en cuestiones de género y desarrollo sostenible, además de escuchar los **intercambios que surgen entre los líderes** que asisten. Tanto es así que posteriormente fui convocada a participar del Foro Económico Mundial de San Pablo a las pocas semanas, donde no solo hablé del W20 sino de cuestiones tan urgentes como la erradicación de la violencia por cuestiones de género y acoso laboral.

Luego del Foro Económico Mundial realizamos rondas sobre los ejes de trabajo en París y Nueva York, en muchos casos aprovechando la convocatoria de otros eventos como la OCDE que atraería a muchas personas que también fueran delegadas o invitadas por W20 (y así resultaría más económico que organizarlo en nuestro país, con los costos de logística que hubiera implicado y como sí lo hicieran otras presidencias que tuvieron más presupuesto que la nuestra). Ello se complementaba con invitaciones recibidas a eventos organizados por organismos internacionales.

A pesar de que yo considero todos estos hitos como éxitos, había quienes no pensaban lo mismo. Fue así como, luego de terminado el Diálogo Nacional, tuve una de las reuniones más tristes de mi vida, donde finalmente resolví mi renuncia como *Co-Chair* del W20 desde abril del 2018. A pesar de no seguir en el equipo del W20, continúo acompañando su desarrollo hasta el día de hoy, incorporándome al grupo de delegadas internacionales que representan a la sociedad civil a través de distintas voces y sectores. Abrí una puerta para Fundación FLOR.

Pensando con el diario del lunes, mi salida fue una decisión acertada. Al empezar a trabajar como delegada encontré el espacio desde donde poder aportar y crear valor a través de ideas concretas que puedan cambiar la realidad económica de todas las mujeres de los países miembros del G20.

Canalicé mi *expertise* a nivel internacional, pero también me nutrí a lo largo de las distintas presidencias (las de Japón, Arabia Saudita, Italia, Indonesia, actualmente India y próximamente Latinoamérica otra vez, con Brasil en 2024). Fueron innumerables las millas, horas de reuniones y dinero (solo ocasionalmente con alguna gentileza del país anfitrión) que invirtiera para poder representar a Argentina en estos espacios. Pero todos y cada uno de ellos valieron la pena.

En estos seis años discutí recomendaciones que fueron elevadas a todos los líderes de los países del G20, contribuyendo especialmente en temas de inclusión económica y financiera, no solo de mujeres en centros urbanos sino también teniendo en cuenta a las mujeres rurales. De estos años destaco, además, la posibilidad de co-liderar los subgrupos de trabajo de Mujeres con Discapacidad (Indonesia 2022) y de Mujeres Emprendedoras (India 2023). Allí descubrí además el arte de la negociación de acuerdos entre países con realidades muy dispares y con personas con opiniones diversas, incluso dentro de un mismo país o región. Lo cierto es que tampoco lo hice ni hubiera podido hacerlo sola, sino que por suerte formo equipos para todo lo que emprendo.

Afortunadamente, nuestra delegación cuenta con perfiles diversos y expertos en diferentes áreas. En el caso de la Fundación FLOR, su contribución principal a lo largo de estos años ha sido abordar temas específicos como **la inclusión financiera, la autonomía económica, las mujeres en decisión, el emprendimiento, el acceso a mercados y la inclusión de proveedoras tanto en compras públicas como privadas.** También han trabajado en la diversidad funcional y en apoyar a mujeres con discapacidad, promoviendo su participación en espacios de toma de decisiones, así como en el desarrollo de sistemas integrales de cuidado y en el empoderamiento de las mujeres rurales.

Nuestras discusiones han girado en torno de diversas temáticas, incluyendo la infraestructura a todos los niveles (desde la conectividad hasta los espacios de cuidado), la asignación de recursos por parte de los estados en sus compras públicas a proveedoras mujeres, mejores condiciones de financiamiento que incluyan garantías, y el reconocimiento del sector agropecuario como un área de potencial crecimiento económico para las mujeres, entre otros temas relevantes.

Mujeres y discapacidad, nuestras propuestas en el W20

Pensando en que posiblemente en al menos una etapa de nuestras vidas, cada uno de nosotros pudiera convertirse en una persona con discapacidad física, mental o intelectual, me parece esencial el abordaje de este tema. Las mujeres con discapacidad enfrentan múltiples obstáculos y grados de discriminación adicional al acceder a servicios básicos, ejercer sus derechos humanos (incluyendo la salud sexual y reproductiva), y participar en la economía actual y futura.

La mayoría de las mujeres con discapacidad tienen tasas de empleo más bajas en el mercado laboral y enfrentan barreras para acceder a puestos de liderazgo, a oportunidades de trabajo decente y a servicios básicos, incluyendo educación y entornos seguros, debido a las limitaciones en infraestructura y a los prejuicios sobre las discapacidades. Es necesario fortalecer e invertir en esfuerzos hacia una respuesta integral y multisectorial por parte de los sectores público y privado y de la sociedad en general para garantizar la inclusión de mujeres y niñas con discapacidad, como lo establece el Artículo 6 de la Convención Internacional sobre los Derechos de las Personas con Discapacidad (CDPD), y para garantizar su participación en los procesos de toma de decisiones sobre sus vidas.

En el contexto de trabajo del W20 en Indonesia 2022, colaboramos con recomendaciones basadas en análisis intersectoriales para generar un entorno habilitador y de apoyo, que incentive la igualdad de género para mujeres y niñas. Entre estas recomendaciones figura requerir a los empleadores que realicen ajustes razonables para crear entornos laborales habilitadores, **educar a líderes y a la sociedad** en todos los ámbitos sobre sesgos inconscientes y empatía, especialmente a los trabajadores de primera línea y de emergencia, para crear un **entorno habilitador,** de apoyo e integrado, como transporte público, accesibilidad en todos los edificios y planificación y diseño de infraestructuras que tomen en cuenta la problemática desde las fases de diseño e implementación, invertir en tecnología para obtener productos y servicios que garanticen la accesibilidad de personas con discapacidad, y capacitar a familias y cuidadores de personas con discapacidad en la perspectiva de diversidad.

Mujeres emprendedoras, recomendaciones del 2023

Las mujeres emprendedoras desempeñan un papel crucial en impulsar las economías nacionales al estimular el crecimiento del PIB, crear empleos y proporcionar bienes y servicios esenciales. Las mujeres, especialmente en áreas rurales e indígenas, continúan enfrentando múltiples barreras legales, políticas, procedimentales, regulatorias, sociales y societales, así como la falta de acceso a capital y servicios financieros.

Por estos motivos, desde el grupo de trabajo que co-presidí con Brasil, desarrollamos las siguientes recomendaciones que se incluyeron en el comunicado final del W20 India 2023:

- Tomar medidas que faciliten e incentiven el acceso a los mercados nacionales e internacionales a todas las mujeres.
- Aumentar para ellas el acceso a financiamiento, garantías y capital.
- Promover ecosistemas políticos que aceleren el crecimiento de las mipymes creadas o dirigidas por mujeres.
- Fomentar programas de contratación pública con perspectiva de género, así como recomendaciones en torno a formas de financiamiento de estas políticas.

Promoviendo mujeres líderes en el marco de G20

Durante dos años tuve el placer de participar en la Alianza para el Progreso de la Representación Económica de la Mujer, conocida en inglés como G20 Empower. Fue creada durante la presidencia japonesa del G20 en el año 2019 y continuó hasta la presidencia india. Su nacimiento fue impulsado, entre otras, por la Reina Máxima, de Países Bajos, y su objetivo era convertirse en la alianza más inclusiva e impulsada por la acción entre empresas y gobiernos, a fin de acelerar el liderazgo y el empoderamiento de las mujeres en los países del G20.

Si bien esta era otra iniciativa en ese marco para el empoderamiento de la mujer, era distinto su foco y constitución. En primer lugar, G20 Empower se diferenciaba por trabajar a través de empresarias de forma más específica la **participación de las mujeres a nivel de liderazgo en el sector privado, haciendo recomendaciones a empresas y gobiernos.**

Como mi designación, así como la confirmación de Carolina Castro en su rol, llegaron un poco avanzados en el año, tuvimos que ponernos a toda máquina para poder presentar contribuciones desde Argentina, ya que el ciclo terminaría en septiembre. Afortunadamente pudimos hacer un gran trabajo en tiempo récord. Así es como aportamos nuestra visión en los outputs del grupo, que incluía la implementación por país de un tablero de indicadores que miden la participación en liderazgo de las mujeres y una serie de recomendaciones para el sector público y privado.

Un resultado sumamente poderoso de este proceso fue consolidar una **red de *Advocates* o promotores en el sector privado.** Ello consiste en que cada país puede convocar a CEOs, presidentes/as y miembros del directorio de empresas que comparten la visión de G20 Empower y apoyan la causa en sus compañías, sectores y redes. Así es que convocamos a más de 20 representantes de las empresas más reconocidas del país. Asimismo, estas empresas tenían la posibilidad de presentar buenas prácticas que lleven adelante en materia de género en sus organizaciones para ser recopiladas junto con las de otros países en un *Playbook* a modo de ejemplo e iluminación para otras.

Una parte importante para nosotras era poder presentar ante los *Advocates* los resultados de G20 Empower en una reunión presencial. Durante semanas estuvimos trabajando junto a los equipos de la Dirección de la Mujeres y la Secretaría de Relaciones Internacionales para convocar a estas personas tan relevantes en uno de los salones más lindos de Cancillería. Pero no contábamos con un detalle que jamás hubiéramos tenido en cuenta 60 días antes, cuando enviamos las invitaciones: Argentina sería campeón del mundo de fútbol masculino. ¿Pero cómo nos afectó eso a nosotras? Bueno, la fecha de la reunión era el 20 de diciembre, fecha en la que la Selección llegaba a la Argentina y se movilizarían miles y miles de personas para recibirlos, lo que haría imposible transitar la Ciudad de Buenos Aires y sus alrededores. Sin embargo, a pesar de cancelar la reunión presencial y de haberse dictado asueto a nivel nacional, cada *Advocate*, así como desde Cancillería, tuvo la **predisposición** para realizarla de manera virtual en el mismo día y horario. Afortunadamente fue un éxito, no solo por su convocatoria sino porque de verdad reunimos un gran grupo de líderes. Fue increíble ver la **agilidad y compromiso** con el que trabajaron ellos, sus equipos y un placer trabajar con Carolina.

Las iniciativas de género en foros como el WEF, G20, ONU y otros son fundamentales para avanzar hacia la igualdad. Cada foro o espacio tiene su particularidad, concentrando a actores diversos, con distintas competencias y alcance. Sin embargo, para lograr un cambio transformador, es crucial fomentar la colaboración y el diálogo entre estos diferentes foros y otros *stakeholders*. Generar lugares donde puedan articularse y coordinarse es esencial para abordar los desafíos de manera integral y efectiva, amplificando alcances y potenciando esfuerzos. Me encanta decir que de esa manera **ahorramos tiempo y dinero.**

Fundación FLOR en el mundo: la vuelta a Davos y mucho más.

Davos con sombrero FLOR

Apenas llegué a Davos en 2018 supe que volvería todos los años. Y así fue, pero no sin mucho esfuerzo. Preparar un viaje como este lleva mucho tiempo. Gise es quien me ha ayudado a perfeccionar el arte de generar agenda en este lugar año tras año, con ayuda de Rebe. Creo que es interesante contar cómo es que lo hacemos para toda aquella persona que está pensando en hacer un viaje así.

Primero, hay que ser ordenados en este tipo de viajes. Es una gran inversión de tiempo y dinero y hay que aprovechar cada encuentro. Por eso es importante tener una base de datos ordenada, actualizada y detallada, donde conste la información de personas relevantes con las que se ha estado en contacto y pueden ayudarnos a alcanzar nuestros objetivos.

Luego, comienza la parte clave: contactar a personas y organizaciones de interés. Para ello es importante que nuestra base incluya un "estatus" o resumen de la última conversación o de dónde lo conocemos para generar cercanía. A veces solemos retomar cadenas de mails viejas, solo para que no se olviden de conversaciones pasadas. Personas con las que compartimos algún panel o charla, solo una conversación o intercambio de tarjetas o incluso que no hayamos visto pero que nos hayan facilitado, todo sirve para armar una agenda robusta.

De esta parte rescato algo: hay que ser **perseverantes.** Hay que pedir, insistir y si bien la regla es ser humilde, cuando es necesario hay que "sacar chapa" de nuestros logros. Hay que hacernos visibles y rara vez las cosas vienen solas. Como siempre digo (hasta lo hemos hecho "tip FLOR"):

**Siempre hay segundas oportunidades.
Y hasta les diría que terceras o más.**

¿En qué te gustaría tener una segunda oportunidad?

Haciendo esto y hasta incluso investigando online es que armamos una agenda de eventos bien interesante, y hasta incluso con participaciones como oradora y encuentros con personas relevantes de todo el mundo. Eso sí, el acceso al evento principal del "Foro de Davos" es lo más complejo de conseguir. La dificultad yace principalmente en su costo, demasiado elevado (varias decenas de miles de dólares por año). Quizás algunas corporaciones puedan financiarlo, pero no definitivamente una ONG como Fundación FLOR. Sin embargo, año tras año nos la hemos arreglado para estar activas en las calles de Davos y con **agenda completa** toda la semana que dura el Foro.

Hay un dato no menor que no mencioné y que es igual de complejo que la agenda: el alojamiento. Dormir en la villa es extremadamente caro y la reserva suele hacerse a través de una agencia que maneja las reservas de todos los hoteles en esa semana, de manera que puedan garantizar un lugar a los asistentes al Foro oficial. Incluso los pueblos cercanos tienen sus plazas agotadas meses antes. Por suerte tengo a un buen amigo de origen suizo, Eric, a quien conocí hace varios años en un foro de empresas familiares. Él es quien me presta todos los años su departamento que queda a pocos pasos de la calle principal y me ahorra tiempo y varios dolores de cabeza.

Algo muy importante es llevar registro de los eventos a los que uno asiste, ya que los cambios de agenda son habituales y terminamos yendo a lugares que no teníamos planificado. De esta forma, nos podemos asegurar que podamos volver al año siguiente o seguir en contacto para otros proyectos.

Incluso me atrevería a recomendar también algo que a mí me encanta, y que ya mencioné antes: unir lo útil con lo agradable. Así es que para este tipo de viajes trato siempre de coincidir con alguna amiga o bien invitar a alguno de mis hijos (y de paso poder pasar tiempo con ellos que ahora que son mayores, tienen otras responsabilidades que hacen que no coincidamos tanto). Estar acompañada no solo hace todo más **divertido,** sino que ayuda a **potenciar** lo que hacemos: desde tomar fotos y escuchar a otros hasta **duplicar** las posibilidades de generar contactos y oportunidades.

¿Qué se ve en la villa de Davos durante esta importante semana? Hay una calle principal, Promenade, donde están la mayoría de los espacios donde se realizan eventos. Caminar esta calle y sus intersecciones es desafiante y maravilloso a la vez. Lo primero porque es muy complejo caminar por una ciudad de montaña en pleno invierno, con sus calles nevadas. Hay que llevar botas, abrigarse mucho y ejercitar todo el año para estar en forma para andar, ya que distancias que en planicie son cortas, allí son eternas. Pero todo esto vale la pena porque es inexplicable cómo las agendas convergen en una semana y en una misma ciudad para hablar de los temas que más importan al mundo.

Con el correr de los años me hice habitué de algunos espacios como *The Female Quotient*, donde incluso fui oradora en varias oportunidades para hablar de la importancia del liderazgo de las mujeres en las organizaciones. También me gusta mucho la *SDG Tent* con sus múltiples eventos en torno a los 17 Objetivos del Desarrollo Sostenible (ODS) que nos recuerda año a año que todos debemos actuar para lograr el cambio. Empresas como EY, Golden Sachs, J.P. Morgan, entre otras, nos invitan cada año a celebrar más líderes responsables.

A pesar de que la cuestión de género es un tema importante dentro de la agenda de Davos, lejos se está de que haya paridad entre líderes. Basta con ver la lista de asistentes para darse cuenta de que la mayoría de los representantes de las empresas y países del mundo son hombres.

De hecho, tuve algunas conversaciones con miembros del WEF para sugerir iniciativas o medidas que promuevan una **mayor participación femenina,** como por ejemplo exigir que las empresas, además de su CEO o representante en este espacio, puedan ir con otra persona que sí o sí sea de otro género. Por ahora ha quedado allí, en sugerencia, pero confío en que pronto a través de esta u otras medidas se promueva una mayor diversidad en estos espacios tan importantes.

Es que mientras más participo en estos lugares, más me doy cuenta de que desde Fundación FLOR estamos en el camino correcto y en sintonía con lo que al mundo le afecta e importa. Un tema de base y que atraviesa a todos los posibles asuntos que año a año van tomando espacio en la agenda de WEF en Davos es ni más ni menos que lo que dio origen a nuestra fundación hace más de una década: el liderazgo responsable.

Y es que no podemos hablar de terminar la guerra, transicionar a un mundo menos contaminante, con más **resiliencia alimentaria,** tecnológico, inclusivo y equitativo, sin que haya personas, más concretamente líderes, que tengan en mente no solo el generar beneficios económicos para sus empresas o Estados, sino también el bienestar de las personas que lo integran y rodean, así como el respeto por las instituciones y el uso sostenible de los recursos naturales.

Fundación FLOR de Latinoamérica para el mundo

La Fundación FLOR nació en Argentina. Sin embargo, en estos años nos hemos expandido gradualmente en el alcance de nuestras actividades, no solo en todo el país, sino también en la región y el mundo.

Para empezar, nuestros programas, especialmente aquellos dirigidos a mujeres como Mujeres en Decisión (MED), Cosas de Mujeres y de Emprendedoras a Empresarias, se originaron en nuestro país pero se internacionalizaron rápidamente, llegando a países como Kenya, Francia, España. MED se llevó a cabo dos veces desde Miami, para mujeres de toda Latinoamérica, y ahora que el mundo se ha normalizado después del Covid, esperamos volver nuevamente muy pronto. Además, la virtualidad ha permitido acercarlo a mujeres hispanohablantes de todo el mundo. Lo mismo ha sucedido con Cosas de Mujeres y de Emprendedoras a Empresarias, que han llegado a mujeres emprendedoras de toda Latinoamérica, incluyendo Chile, Uruguay, Ecuador, México, Nicaragua, entre otros.

Pero no solo nuestros programas de formación han tenido un alcance global. Nuestros Premios FLOR a la Diversidad, además de reconocer a organizaciones en Argentina, incluyeron una nueva categoría, "Latam", para pymes, grandes empresas y ONGs de Latinoamérica que gestionan la diversidad como parte de su estrategia.

También hemos llevado a cabo innumerables iniciativas y actividades a nivel mundial. Destaca el ciclo de *masterclasses* sobre mujeres en directorios y responsabilidad ESG (ambiental, social y de gobernanza) organizado por CIMED (Consejo Iberoamericano de Mujeres en Decisión), conformado por destacadas mujeres de toda Iberoamérica. Este grupo, integrado por Rebeca Grynspan, Isabel de Saint Malo, Ana Pessoa, Inés Temple, Claudia Palacios, María Noel Vaeza y Tania Rodríguez Riestra, tiene como objetivo fomentar el empoderamiento de las mujeres en la región y trabajar en conjunto con Fundación FLOR para promover el progreso en Iberoamérica.

Desde 2022, hemos buscado expandir nuestras actividades hacia el Sur Global, reconociendo que algunos países tienen más oferta y desarrollo de espacios que promueven la equidad, la diversidad, la justicia y la inclusión que otros. Además, entendemos que las soluciones no deben ser impuestas desde países desarrollados hacia países en vías de desarrollo. Si bien existen buenas prácticas que deben compartirse, las soluciones deben respetar la particularidad de cada cultura y sociedad, ya que **no hay una solución única que se ajuste a todos en estas cuestiones.**

Admiro la visión de Zaynah Khanbhai sobre este tema. Aunque es de Kenia, se considera ciudadana del mundo. La conocí hace algunos años en un evento agrícola en Argentina y desde entonces hemos mantenido una estrecha relación. Ella me ha invitado en varias ocasiones a participar en el espacio que creó y lidera, South South Women, y también ha acompañado la internacionalización de la Fundación FLOR. Zaynah ha encarado estos proyectos con el objetivo de compartir la sabiduría de cada cultura en relación a estos temas, fomentando una **multiplicidad de puntos de vista** que eventualmente **converjan** o encuentren conexiones que se enriquezcan mutuamente.

La Fundación FLOR no solo ha organizado múltiples actividades para el mundo, sino que también ha sido convocada para participar en otros espacios tanto a nivel regional como internacional. En cuanto a nuestra acción en el G20, continuamos fortaleciéndonos y participando activamente en el W20, donde trabajamos junto a delegadas argentinas y de todo el mundo.

Además, me alegró enormemente saber que Natalia Facciolo y Gabriela Gayarre, Embajadoras Eméritas y miembros de nuestra red, pudieron formar parte del B20 (Business 20) y contribuir con su visión y conocimiento al espacio dentro del G20 donde los representantes de empresas aportan ideas para mejorar nuestros países.

El diálogo sobre cuestiones de género va más allá del marco del G20. El trabajo de la Comisión sobre el Estatus de la Mujer de las Naciones Unidas es uno de los más importantes, no solo por la labor de las delegaciones acreditadas en esta organización internacional, sino también porque se invita a referentes de la sociedad civil a aportar su conocimiento y experiencia para enriquecer y promover los acuerdos que se generen.

Es destacable que, además de los foros internacionales con amplia participación estatal, esta discusión sobre género cada vez se lleva a cabo en espacios nacionales y regionales. Por ejemplo, Rusia organiza un Congreso de Mujeres para Eurasia, al cual fui convocada a participar en 2021, y previamente participé en el Council de las Américas en Miami, así como en una exposición de mujeres en minería organizada en Toronto por la Cámara Argentino-Canadiense. Incluso Miriam Prieto, otra Embajadora Emérita que se ha convertido en una gran amiga, nos ha representado en un encuentro de mujeres empresarias de África y Latinoamérica organizado en Lago di Como (Italia) por la Fundación Konrad Adenauer.

En la Fundación FLOR trabajamos **a nivel internacional** en otros temas además de aquellos relacionados con el empoderamiento de las mujeres. Nuestra concepción de **responsabilidad** abarca no solo la responsabilidad social, que incluye la promoción de la diversidad de género, sino también la responsabilidad en términos de gobierno corporativo. En el programa MED combinamos ambas cuestiones de manera efectiva. Por ello, tenemos el honor de ser convocados por espacios como Alliance for Integrity (promovido especialmente por la agencia alemana GIZ) y la OCDE, para aportar nuestra perspectiva en este tema. Afortunadamente, la Fundación cuenta con portavoces de primer nivel, como Marta Tálice, Santiago Chaher y Magalí Ochiuzzi, quienes representan nuestra postura. Además, las miembros del Comité de Asuntos Legales, Gobierno Corporativo y *Compliance* también llevan nuestra voz al mundo en lo que respecta a las **reglas claras** de juego en las instituciones.

Un tema que hizo que yo empezara a ser convocada internacionalmente fue el de las **empresas familiares.** Estas constituyen la mayoría de las empresas, especialmente las pymes, en todo el mundo. Por lo tanto, su importancia y potencial para la sociedad y el mundo son innegables. Sin embargo, también enfrentan desafíos en su buen funcionamiento, que se ven afectados no solo por cuestiones macro y micro como cualquier otra empresa, sino también por cuestiones familiares. A veces, el negocio se convierte en una extensión de las relaciones familiares y no se separan e institucionalizan adecuadamente las esferas familiares y empresariales.

Gracias a nuestra experiencia en la formación y transformación de empresas familiares, hemos tenido la oportunidad de compartir conocimientos sobre este tema en varios países de América Latina, como República Dominicana, Ecuador y México.

En la Fundación FLOR también reflexionamos sobre cómo debería ser el presente y futuro de los negocios. Para nosotros, la respuesta es clara: **no puede haber un crecimiento económico verdadero si no se beneficia a todas las personas.** Un espacio que siempre invita a discutir esta cuestión entre el sector público y privado es el Encuentro Empresarial Iberoamericano, organizado anualmente por SEGIB. Este encuentro convoca a referentes de la región, incluyendo a la Fundación FLOR, para debatir sobre un mundo más próspero y equitativo.

Creemos firmemente en la labor que llevamos a cabo en la Fundación FLOR y consideramos que merece ser compartida con el mundo a través de todos los miembros que formamos parte de ella. La construcción de una sociedad más justa, equitativa y diversa es responsabilidad de todos, y la Fundación FLOR brinda una plataforma para que líderes de todo el mundo y de todos los sectores puedan canalizar su voz y contribuir a la transformación positiva del mundo. **Mi deseo es que cada vez más personas se unan a esta importante tarea.**

14

Carta a mis hijos

Carlos Casares, 18 de marzo de 2021

Hoy cumplo 57 años y quiero decirles que estoy, *que soy* muy feliz.

Pero también quiero contarles que me encuentro cansada, muy cansada. Quizás por la pandemia, quizás estoy abrumada con las organizaciones, quizás por ocuparme de tantas cosas que van surgiendo día a día.

O tal vez el problema es que no sé ponerme límites, o decir que no a algunas cosas. Todo me gusta, todo lo disfruto, pero siento que debo parar un poco. Hace dos meses empecé a hacer terapia, y estoy trabajando en eso…

Parar para saborear más la vida, lo que hago y, sobre todo, con quienes lo hago es lo que estoy trabajando con Rosa y mis íntimas amigas, ya que solita no pude lograrlo.

No les explico lo que **disfruto** teniéndolos cerca, viéndolos crecer, madurar e independizarse.

Por cierto que no me gusta cuando algunos todavía me responden mal, sobre todo en el trabajo, delante de otras personas, cuando se mezclan los roles de familia y laborales, pero también sé que es la lógica de las empresas familiares. O quizás no les supe poner el freno como corresponde o explicarles bien. Me encantaría que se acostumbraran a pedir disculpas cuando hacen algo que no está bien. Por ustedes. Por mí. Por el entorno.

Tampoco disfruto si veo que no saben administrarse; esto es clave para cualquier persona, pero sobre todo para quienes pueden llegar a heredar patrimonios. Tendrán que pagar impuestos, elegir bien los equipos para trabajar, las personas que los acompañen en la vida. Se pueden equivocar, pero cuídense, acompáñense, escuchen los consejos de quienes los quieren. Que no los "vivan", que no se aprovechen de lo buenos que son, que tengan al lado a alguien que los quiera y los cuide mucho. Y ojalá que la persona que elijan también quiera seguir creciendo, que sea proactiva, que sea alguien a quien ustedes puedan admirar y que se nutran unos a otros.

Quiero que sigan **buscando su mejor versión;** van re bien, se los aseguro yo, que soy crítica. Creo que ustedes son personas maravillosas, sencillas, humildes, creativas, preocupadas por el entorno, a veces demasiado. Quiero que se quieran mucho. Que sean felices.

Además, quiero que confíen en ustedes mismos; valoro mucho sus opiniones, sus perspectivas, sus ideas. Las agradezco enormemente. No necesitan que nadie apruebe lo que hacen ni cómo lo hacen. ¡Créansela más! Dense cuenta de que son personas muy valiosas.

Tomen sus propias decisiones y sean fieles a ustedes mismos, no se dejen avasallar y, si en algún momento cambian de rumbo, estén seguros de que es por su propia felicidad y no por complacer a otra persona.

Dialoguen, hablen de lo que les pasa, pidan ayuda cuando lo necesiten, pero que entre ustedes siempre, siempre haya muchas conversaciones; aunque les moleste o incomode decir algo, díganlo, que **nadie es tan empático como para adivinar qué le pasa al otro.**

No sé si podré ser tan justa como para darles a todos exactamente lo mismo siempre, ya que hay una palabra que es **equidad** y a veces uno de ustedes necesitará algunas cosas más que otros. Por favor, confíen en mis decisiones y en las de su padre, que nos podemos equivocar, pero siempre pensamos en el bien de todos y de cada uno. Hay que saber esperar, hoy le toca a uno, mañana al otro. Debemos aprender a entenderlo, a reírnos, a hablarlo y a no quedarnos enojados, porque eso también es crecer y madurar.

Si se les ocurre algún proyecto, los acompañaré, pero yo no quiero hacer muchas cosas más que agreguen obligaciones en mi agenda. Como saben, amo hacer **florecer** el entorno y ayudar en todo lo que pueda, a eso me querría dedicar y lo lograré cuando pueda delegar más.

Ahora tengo la satisfacción de que los cuatro tienen interés, les gusta aprender, saber. Y de alguna manera u otra, acompañan mi trabajo en FLOR, Resi, Ampatel, y otros proyectos. Me gusta que pregunten y escuchen atentamente siempre.

Quiero decirles también que aprendí que para hacer crecer el patrimonio hay que saber hacer negocios. Es importante trabajar, esforzarse, pero también detenerse a **pensar.** Las remuneraciones son siempre en función de la responsabilidad, de los resultados, nunca es por el tiempo de trabajo, sino por cumplir objetivos, y no todos tienen que ser líderes. Muchas veces, si no estás liderando, es importante **acompañar** y apoyar a las personas que sí lo hacen —como me ha tocado a mí—.

Apóyense, ayúdense, quiéranse mucho como hasta hoy.

Quiero agradecerles por toda la felicidad que me dan y también revisarme un poco en mi rol de mamá. Sé que exagero con mi ansiedad por estar en todo, que los controlo demasiado, que me dejo absorber por el trabajo. Me estoy ocupando de estos temas. ¡Quizá todo sea más fácil para ustedes cuando nazca mi nieto!

Los amo y son lo mejor que tengo en mi vida.

Mamá

Qué te preocupa

Por Luciano Torchio Grobocopatel

Hijo de Andrea

¡Andre! Me gusta compartir los cafés con vos, tu paciencia y charlas por sobre todas las cosas tu curiosidad y tu famoso "qué te preocupa". Gracias por estar y escucharnos siempre y ser tan multifacética.

Releyendo la carta hoy, llegando a mis 60

Debo reconocer que trabajar con hijas e hijos es lo más maravilloso. Ese es un gran **orgullo** verlos funcionar, tomar decisiones, que pregunten, sugieran, darles alas y verlos volar, pero también admito que no es nada fácil.

Llegó mi primer nieto y con él, aparecieron cambios maravillosos. Cuando puedo verlo, dejo todo por ese momento. No hay celular o agenda que le gane al tiempo compartido con Bauti. Puedo volver a tirarme al piso a jugar, con ladrillitos o con masas de colores. Es realmente un rol inimaginable e indescriptible.

La verdad es que cuando nos dijeron que seríamos abuelos, tanto a Walter como a mí, que nos creíamos jóvenes (o pendejos), nos pareció un bajón. Caímos en la cuenta, como otras veces, de que el tiempo pasa a toda velocidad, de que nos quedan pocos años bien activos. Ya cerca de los 60, quizás tengamos menos de veinte años para viajar, disfrutar, vivir… ¿Y después? Ya veremos.

Ahora hablemos de Bauti, de ese bebé que fue internado a los cuatro días de nacido, de ese bebé que nació chiquito, de una hija que quería dar el pecho, con pezonera, como fuera. Logró su propósito, con 6 meses, lo consiguió. El bebe está hoy rozagante, saludable y fuerte.

Bauti es vida para mis viejos, es iluminación. Y a mí me **reconecta con el aquí y ahora.** Gracias Leonardo Espana y Delfina por este amor imposible de poner en palabras, es algo que solo se vive, se siente.

¿"Abrumada"? Por suerte hoy no me siento así. No sé si será la ayuda de Rosa, las amigas, o simplemente que aprendí a no mirar lo que me perdía sino lo que ganaba en mis decisiones y tiempos. Hoy ya no siento culpa de no estar, siempre hay alguien más que podrá participar en mi lugar. **Delegar, soltar, compartir, abrir puertas y decirme que no puedo, y está bien.**

Empecé a invertir más tiempo en terminar de armar la planificación patrimonial, las estructuras, el protocolo, el testamento, entre otras cosas. Y espero que al publicar este libro, todo eso esté terminado.

Luego de ir al spa con Agus en abril 2023, en el intento de incentivarla a hacer más ejercicio aeróbico, ella me enseñó que solo caminar no era suficiente, que yo también necesitaba fortalecerme y ganar fuerza física. Hoy, viendo a mi mamá y su imposibilidad de sostenerse en pie ni caminar por sí sola, soy más consciente de ello, y no le fallo al *personal trainer*. Recién ahora, a los casi 60, me doy cuenta de la importancia de esto.

¿Quién no tiene problemas de salud en su entorno? Brindamos por la **salud,** como algo superficial pero cuando vivís su ausencia tomás conciencia de lo que realmente significa. Entre fines de abril, principios de mayo y junio 2023, recibí varios sacudones: Agus con varias complicaciones que ya les comenté. En paralelo, mi mamá con varios detalles cognitivos, viajes de Casares a Buenos Aires, internaciones, otra vez profesionales de la medicina, la enfermería y el cuidado.

Es tan triste ver deteriorarse a tus padres, darte cuenta de que esta es la vida y de que todas las personas, de alguna manera, tendremos una discapacidad, como dice Agus. Mamá hoy está en silla de ruedas y en sus pocas conexiones recuerda y se refleja mucho en Agus.

Qué extraña es la vejez y qué cerca está. Saldría corriendo a **disfrutar, viajar, abrazar, cantar y bailar.** Y esto me lleva a algo que vengo pensando hace unos meses, ¿cómo quiero vivir los próximos 10 años? ¿Será que escribiré mi próximo libro para contarles? Que tal vez se llame *Pasión por disfrutar.*

¿Cómo imaginás tus próximos 10 años? ¿Cuál sería tu pasión?

Y cierro el libro con una invitación. Una invitación a #serFLOR. Esto significa **colaborar, cooperar, sembrar, cuidar.** Hacerse cargo de los problemas que queremos solucionar **sin criticar,** sin echar la culpa a otras personas o sectores. Significa **participar y abrazar** para construir ese mundo que queremos ver.

Brindo en este cierre por ustedes que me leen, que me acompañan, que me critican y me felicitan.

Brindo por muchos momentos **alegres, dulces,** por mucha **energía positiva.**

Brindo por la salud, por la paz, que tengamos una muy buena vida.

Gracias, Gracias

Antes que nada, a los que hicieron este libro posible con tiempo, dedicación, profesionalismo, entusiasmo y mucho amor. Por redactar, corregir, revisar, leer conmigo muchísimas veces. A Susana Estévez, Marcela Lomba, Giselle Petraglia, Rebeca Robles, Jessica Pérez Segovia, Leticia Gemelli, Maria Laura Poratti, Itatí Cabrera, Maricel García, Nancy Menazzi, Juan Pablo Olivieri, y al equipo de Ediciones Granica, a quienes también les pido disculpas por poner esas fechas imposibles, por los apuros, por mi ansiedad, por las molestias de los fines de semana, de los feriados, de todos los días y las noches también.

Sobre el lenguaje inclusivo
Gracias, Gracias a Marcela Lomba, por enseñar y ayudarme a entender de manera perfecta y clara estos temas tan necesarios.

1. Un camino propio
Gracias, Gracias a la Universidad Católica Argentina, a Zenón Biagosch, a mis padres Adolfo y Edith, a mi amada familia Grobo Feler por facilitarme este camino propio.

2. En estado de aprendizaje
Gracias, Gracias a la mejor familia del mundo (porque como dice mi papá, es mejor hablar bien de uno que mal de los demás), los Torchio Grobo por estar juntos, muy juntos siempre, sobre

todo cuando el Covid-19 nos encerró; por sentirme acompañada en cada uno de mis momentos, en cada estado de aprendizaje.

3. Inclusión: el ADN de Resiliencia SGR

Gracias, Gracias a Delfina Torchio Grobo. Trabajar con ella es invaluable, es confianza, colaboración, una colega excepcional. A todo el equipo, a personas súper importantes como Christian Gentile, Pablo Muñoz, Pedro Córdoba y Facundo Beltramo; al Consejo de administración, a los síndicos Fernanda Mierez, María Shakespear, Andrea Serejski, León Muchenik y José Luis Torrandel; a los socios protectores, a las instituciones financieras, a las pymes, a la red de Resiliencia SGR.

4. Sobre la marcha

Gracias, Gracias a Walter Torchio, por mostrarme un líder responsable en la política, por inspirarme con su trabajo a lo largo y ancho de nuestra ciudad Carlos Casares. Obras que miro y disfruto siempre sobre la marcha.

Gracias, Gracias a mis amigas, las que me bancan desde muy chica, las de estos últimos años, y las muchísimas personas que dialogan, matean conmigo pero fundamentalmente las que caminan para observar sobre la marcha.

5. Pasando en limpio: liderazgo responsable

Gracias, Gracias a Giselle Petraglia, Rebeca Robles, equipo de FLOR de ayer, de hoy, por ayudarme a conceptualizar las 5 P de las organizaciones responsables y todo lo concerniente al liderazgo responsable.

6. Muchas escalas

Gracias, Gracias a todas las personas que viajan conmigo, a la súper predispuesta Pauli, a las que se suben, entusiasman, me esperan y abrazan en mis muchas escalas.

7. Campo de acción

Gracias, Gracias a Agus por jugar tan bien las cartas que le tocan, por querer ser independiente, por elegir, soltar, enseñar.

Gracias, Gracias a Luciana Ercoli, quien luego del programa Board Experience pasara a ser la primera directora independiente de Ampatel, profesionalizando y ayudando a crecer cada día más a la empresa y a las personas.

Gracias, Gracias a Luciano por recordarme la frase tan característica mía que había olvidado poner en el libro: *¿qué te preocupa?*; por su bondad inigualable, por preocuparse tanto por los demás y por inspirarme cada día.

Gracias, Gracias a Paulina Torchio Grobo por entusiasmarse con Ampatel, con el campo, con tanta pasión y entusiasmo.

Gracias, Gracias a Lali, María Laura Astudillo, mano derecha, consejera, cómplice, secretaria, contadora, coordinadora, gerente, CEO o lo que fuera necesario en estos tantos años en cualquier campo de acción.

8. Por la ruta 5

Gracias, Gracias a mis antepasados por elegir Carlos Casares para echar raíces que me enseñaron tanto a darle valor al espacio rural; a todas las personas que manejan tan cuidadosamente, aquellas que me llevan y traen por esta tan querida ruta 5.

9. Meat & Women

Gracias, Gracias a las socias por seguir creyendo en el proyecto, y darle otra oportunidad.

10. Notas al paso

Gracias, Gracias a Walter, hoy y siempre por nuestras tres hijas, por nuestro hijo, con quienes tanto disfruto y me conmuevo. Gracias por ser mi mejor complemento, por su mirada, su tranquilidad. Gracias por la paz de seguir juntos que me permite muchísimas notas al paso.

11. Nuevas masculinidades

Gracias, Gracias a todos los hombres que han participado de nuestros foros, a los que nos dan testimonios, a los que nos desafían, a los que nos provocan, a los que también están descubriendo y nos ayudan a descubrir las nuevas masculinidades.

12. El mundo es mejor con una FLOR

Gracias, Gracias al actual Consejo de Administración, Santiago Chaher, Delfina Torchio Grobo, Marta Talice, Francisco Cerviño, Virginia Genovesi, Gastón Remy y Carlos Magariños. A Lili D'Anunzio y Marce Lomba por las miles de charlas de los sábados. A las Embajadoras de ayer y de hoy, a las que son miembros de los comités, a las referentes, a los jurados, a las empresas, organizaciones e instituciones que confían y nos apoyan, a las muchísimas personas que donan su tiempo y a las que trabajan todos los días. Porque todos sabemos que el mundo es mejor con una FLOR.

13. De Casares al Mundo

Gracias, Gracias a las muchas personas ya nombradas en este capítulo, especialmente a Gise por su apoyo y acompañamiento, y a Jessie Akin, mi profesora de inglés, por su predisposición dominical y por prepararme para que mi inglés este a la altura de los foros internacionales.

Anexo. Programas de la Fundación FLOR

Programa	Desafío que aborda	Cómo contribuye	Público destinatario	De qué se trata
Mujeres en Decisión (MED)	Falta de mujeres en espacios de decisión en las organizaciones	A nivel individual, buscando cerrar la brecha entre "querer y poder" de las mujeres. Formando y empoderando	Mujeres ejecutivas empresarias, líderes de todos los sectores –públicos y privados–, que deseen involucrarse en cambiar las reglas de juego de las organizaciones	Es una formación en gobierno de las organizaciones con perspectiva de género. Buscar dotar de herramientas para el desarrollo de su mejor versión
Board Experience	Falta de mujeres con experiencia para ocupar sillas en directorios	Brinda a mujeres la oportunidad de desempeñarse en el marco de un directorio por un tiempo determinado	Mujeres líderes egresadas del programa MED y empresas que deseen mejorar el desempeño de su Board y sus prácticas de gobierno	Programa dual que brinda a las mujeres experiencia práctica en directorios reales y a las empresas la posibilidad de mejorar su directorio
PosMED	Falta de mujeres en espacios de decisión en las organizaciones	Brindar a las mujeres formaciones específicas profundizando conocimientos del MED	Mujeres egresadas del MED	Programas breves y focalizados sobre temáticas específicas y variadas
Cosas de Mujeres (CDM)	Baja tasa de actividad económica de mujeres, y la falta de independencia económica así como la brecha de ingresos. Baja tasa de mujeres emprendedoras	Fomentar el emprendedorismo como fuente de ingresos, y desarrollo personal y financiero de las mujeres	Mujeres con un emprendimiento en un estadio inicial o que tengan un proyecto en mente	Programa corto y gratuito que busca desarrollar en las mujeres seguridad financiera a través de emprendimientos propios. Genera impacto no solo en ellas sino en su familia y comunidad
Emprendedoras a Empresarias (EAE)	Baja tasa de supervivencia de pymes, falta de escala, baja tasa de mujeres emprendedoras y empresarias	Formación en áreas fundamentales para la escala del negocio y habilidades empresariales	Mujeres con un emprendimiento en marcha que lo quieran hacer crecer	Programa bien herramental y práctico, para que las emprendedoras puedan escalar su negocio y soñar en grande
Family Business	Los propios de las empresas familiares: profesionalización, sustentabilidad y armonía familiar	Brindar los conocimientos fundamentales de la toma de decisiones y la gestión estratégica de las pymes familiares, para generar líderes empresariales que intercambien experiencias y colaboren entre sí para solucionar problemas comunes	Lideres de empresas familiares, ya sea miembros de la familia o ejecutivos profesionales	Programa que busca contribuir a la profesionalización de las pymes familiares, e indirectamente, al desarrollo del país, dado que la mayoría de las empresas y emprendimientos son familiares

Programa	Desafío que aborda	Cómo contribuye	Público destinatario	De qué se trata
Family Business, la Nueva Generación	Falta de formación de las nuevas generaciones que se integran al negocio familiar	Apoyar la integración efectiva de una nueva generación en la pyme familiar, a través de una formación integral	Jóvenes que integran la nueva generación de miembros de empresas familiares	Programa que aporta, a las nuevas generaciones de dueños de pymes, herramientas de gestión y una visión estratégica tanto de la organización como de su rol en la familia, la propiedad y el negocio
Premios FLOR a la Diversidad	Falta de ejemplos de gestión de la diversidad en las organizaciones	Brindar un reconocimiento a aquellas organizaciones que mejor gestionen la diversidad, tanto internamente (colaboradores) como externamente (clientes, mercado, comunidad, etc.)	Grandes empresas, pymes, ONG, organismos del sector público, tanto de Argentina como de América Latina	Los Premios FLOR a la Diversidad pretenden difundir y reconocer a aquellas organizaciones para las que gestionar la diversidad es parte de su estrategia, y promover a muchas otras para que inicien este camino
Congreso FLOR	Falta de exposición de mujeres como speakers y referentes en temas de actualidad	Brindar un espacio para que mujeres de la red se foguen como expositoras y den a conocer sus áreas de *expertise*	Mujeres de la red FLOR	Espacio anual con formato de charlas TED, abierto a la comunidad, en el que las speakers son miembros de nuestra red
FLOR in Company	Necesidad de apoyo por parte de organizaciones en su camino de transformación hacia una cultura de diversidad e inclusión	Consultoría y programas a medida para empresas en temáticas relacionadas con DEI (Diversidad, Equidad, Inclusión)	Empresas, asociaciones, instituciones interesadas en comprometerse más en materia de diversidad y promoverla internamente, en sus cadenas de valor, o en las comunidades en las que están insertas	Acciones a medida (charlas, workshops, formaciones, mentorías, consultorías) para acompañar a las organizaciones en el cambio cultural hacia la diversidad y la inclusión
Master-classes y Webinars	Falta de conocimiento a nivel estratégico en directorios sobre cuestiones de responsabilidad, conceptualizados en las siglas ESG (environment, society, governance)	Información sobre las prácticas más novedosas, y temáticas de frontera en cuestiones de ESG	Todas las personas en puestos de liderazgo, a quienes les interesa aplicar los conceptos relacionados a ESG en la toma de decisiones de sus organizaciones	Serie de charlas abiertas con referentes locales o del exterior sobre ESG
Perspectivas en Diversidad (PPD)	Falta de espacios en las organizaciones para el desarrollo de miembros de colectivos minorizados	Formación sobre los desafíos de integración de las distintas diversidades	Líderes comprometidos/as con la gestión de las Personas, o involucrado s con la temática DEI. Personas interesadas en formarse sobre la gestión de la diversidad	Programa que desde la perspectiva ESG, busca concientizar y brindar herramientas para la incorporación e integración de perfiles diversos, en las organizaciones y en la comunidad

www.andreagrobo.com.ar

www.flor.org.ar

www.resilienciasgr.com.ar